LA

MARINE DES ANCIENS

PARIS, TYPOGRAPHIE DE E. PLON, NOURRIT ET Cie, RUE GARANCIÈRE, 8.

LA

MARINE DES ANCIENS

DEUXIÈME PARTIE

LA REVANCHE DES PERSES
LES TYRANS DE SYRACUSE

PAR LE VICE-AMIRAL

JURIEN DE LA GRAVIERE

MEMBRE DE L'INSTITUT

DEUXIÈME ÉDITION

PARIS

LIBRAIRIE PLON

E. PLON, NOURRIT ET Cie, IMPRIMEURS-ÉDITEURS

10, RUE GARANCIÈRE

1887

LA

MARINE DES ANCIENS

LA REVANCHE DES PERSES.

LES TYRANS DE SYRACUSE.

CHAPITRE PREMIER.

LE COMBAT DE SYMÉ.

Entre la fin du règne de Louis XIV et notre orageuse époque, on compte aujourd'hui cent soixante-quatre ans; Marathon et Chéronée sont à peine séparés par un siècle et demi d'intervalle. De Marathon à Chéronée, vous ne trouverez ni une bataille de Marengo, ni une victoire d'Austerlitz; Issus et Arbèles appartiennent au règne d'Alexandre. C'est une heure triste et grave que celle où les peuples s'en vont. Il est, nous ne le savons que trop, dans la destinée de toute chose humaine de finir; mais il semble que le sort devrait au moins de nobles funérailles à ces nations privilégiées auxquelles il fut donné d'être tout à la fois l'emblème de l'héroïsme et le flambeau de l'univers. Cette faveur dernière d'une belle mort ne fut pas accordée à la Grèce; les dieux l'avaient condamnée d'avance à se dissoudre dans de misérables querelles intérieures. La guerre du Péloponèse, cette source de tout le mal, ce fléau déchaîné par Corcyre et plus encore peut-être par Corinthe, ne se termina pas avec l'expédition de Sicile; elle alla se poursuivre sur les côtes de l'Ionie et sur celles de l'Hellespont. Ce fut là que les généraux de Sparte apprirent à tendre leur casque à l'obole des satrapes, à vaincre au profit de Tissapherne ou de Pharnabaze. Quand ils eurent dévoré en silence ces longues humiliations qui ne révoltaient plus que quelques âmes généreuses, quelques cœurs attardés dans un siècle corrompu, Philippe de Macédoine pouvait apparaître sans crainte. Le fruit était mûr. Athènes eut cependant, de l'année 413 avant Jésus-Christ à l'année 407, un retour inattendu de fortune. Ce retour coïncide avec l'époque du retour d'Alcibiade. N'allons pas pour cela exagérer l'importance du concours apporté à sa patrie par le transfuge repentant! Les premières victoires qui rétablirent un instant la fortune d'Athènes furent gagnées contre Alcibiade ou du moins contre ses alliés; les autres furent, pour la plupart, gagnées en son absence. N'importe! sans Alcibiade, sans son activité, sans sa vive et audacieuse impulsion, les Athéniens n'auraient jamais su tirer un parti suffisant de leurs succès. Il n'est donc que strictement juste d'en faire remonter l'honneur à l'homme qui, d'autre part, a peu de droits à nos sympathies.

L'*escadre invisible* de l'amiral Allemand est restée célèbre. On se rappelle qu'au moment où l'empereur Napoléon préparait mystérieusement en 1804 la concentration de ses forces navales dans la Manche, l'amiral Allemand reçut l'ordre d'arrêter tous les navires neutres qu'il rencontrerait sur sa route. L'an 413 avant notre ère, quelques mois à peine après le grand désastre de Sicile, quand la Grèce tout entière était en fermentation, une autre escadre invisible s'avançait avec les mêmes précautions vers les côtes de l'Ionie. Dès que cette escadre eut touché le continent asiatique, elle relâcha les bâtiments interceptés. Son but était atteint : elle venait de débarquer Alcibiade dans les États du roi des Perses. Nous avons vu les Anglais, en paix avec l'empereur de Chine, faire la guerre au vice-roi de Canton; réconciliés avec le vice-roi, rouvrir les hostilités contre le gouverneur du Che-kiang. Le Céleste Empire formait alors un ensemble de provinces qu'on pouvait aisément confondre avec une série de royaumes juxtaposés. La monarchie des Perses admettait dans l'organisation de ses satrapies une indépendance tout à fait analogue. Le roi Darius II, le successeur d'Artaxerce Longue-Main, n'eût probablement pas songé à profiter des événements survenus en Sicile; ceux de ses satrapes qui avaient à gouverner des provinces maritimes trouvèrent l'occasion singulièrement propice pour recouvrer la faculté de taxer à leur gré les villes du littoral. Le roi leur réclamait sans cesse le payement des tributs arriérés; les Athéniens les tenaient à l'écart des opulentes cités qu'Athènes avait prises sous sa protection; le moment était venu de tenter quelque chose pour se soustraire à un joug aussi humiliant que ruineux. Par elle-même, la Perse, malgré l'importance que conservait encore la marine phénicienne, ne pouvait rien; les victoires de Cimon avaient trop bien assuré l'ascendant d'Athènes. Mais tout le Péloponèse était en armes, et tout le Péloponèse, à cette heure, construisait des vaisseaux; Sparte allait bientôt avoir à ses ordres cent navires de guerre. Sauvée par Sparte, Syracuse, à son tour, lui envoyait sa flotte pour achever l'anéantissement de l'ennemi commun. La Perse et le Péloponèse pouvaient donc à merveille se compléter : le Péloponèse en fournissant des vaisseaux; la Perse en fournissant des subsides. C'était là ce qu'avait pressenti avec la perspicacité de sa haine le dangereux transfuge accueilli par Lacédémone.

Deux des satrapes de Darius étaient particulièrement intéressés à se procurer le concours de la flotte lacédémonienne : le satrape qui gouvernait l'Ionie et celui qui commandait sur les bords de l'Hellespont, — Tissapherne et Pharnabaze. — Tissapherne reçut le premier la visite d'Alcibiade. Le perfide savait bien où devaient porter ses coups pour atteindre sa patrie au cœur. Il fallait d'abord lui enlever les îles qui bordent la côte ionienne; on s'attaquerait ensuite à Byzance et aux villes de la Chersonèse. Avec Alcibiade s'était embarqué dans le golfe d'Égine un délégué de Sparte, Chalcidéus; un traité fut bientôt conclu. S'il ne l'eût pas été par Tissapherne, il l'aurait été par Pharnabaze, car les deux satrapes se disputaient l'honneur et l'avantage de prendre des Grecs à leur solde. Tissapherne promit de payer quatre-vingt-dix centimes par homme et par jour. Alcibiade et Chalcidéus se mirent sur-le-champ à l'œuvre pour soulever Chio et pour insurger Milet.

L'empereur Napoléon, revenu de Russie, eut

encore la puissance de faire sortir pour ainsi dire de terre une armée de six cent mille hommes. Athènes ne mit pas moins d'activité à réparer ses pertes. Une nouvelle flotte ne tarda pas à descendre des chantiers du Pirée. Les géants ne tombent pas sous une seule blessure. Il fallut deux ans à l'Europe pour terrasser Napoléon Ier; Athènes, pendant huit années, tint le Péloponèse et la Perse en échec. Elle avait trouvé dans les eaux ioniennes une inappréciable alliée. Haine invétérée de Sparte, amour farouche de la démocratie, tout se rencontrait à Samos pour faire de cette île si riche en guerriers et en ports l'avant-garde d'Athènes, la surveillante jalouse des cités infidèles. Ce fut de Samos que partirent à bord de cinquante-deux vaisseaux, pour aller débarquer sur le territoire milésien, mille hoplites d'Athènes, quinze cents d'Argos, mille autres fournis par les villes tributaires. Conduits par Chalcidéus et par Alcibiade, soutenus par la présence de Tissapherne, les habitants de Milet se crurent de force à tenter une sortie. Ils furent complétement battus, refoulés dans leur ville et investis le jour même par les forces athéniennes. Chalcidéus, le négociateur de Sparte, avait bravement payé de sa personne; il trouva la mort dans cet engagement. Quant au fils de Clinias, son rôle n'était pas fini. Échappé sain et sauf du combat, il courut à cheval jusqu'aux bords du golfe qui s'ouvre entre Halicarnasse et Milet, juste en face de Pathmos, de Léros et de Calymnos. Là venaient de mouiller vingt vaisseaux de Syracuse, deux de Sélinonte, trente-trois du Péloponèse. Théramène de Lacédémone amenait cette escadre au nouveau commandant en chef des forces alliées, au navarque Astyochos. Dès le point du jour, la flotte combinée cinglait vers Milet. Théramène s'était flatté de surprendre les Athéniens; il fut cruellement déçu. Un avis venu de l'île Léros avaient mis les généraux d'Athènes, Phrynicos, Onomaclès et Scironidès, sur leurs gardes. En un instant, l'armée, les blessés, le matériel de siége, furent embarqués, le butin abandonné sur la plage et les vaisseaux dirigés à toutes rames sur Samos. Si l'amiral Persano eût montré à Lissa autant de diligence, il n'eût pas été réduit à combattre Tegethof dans les conditions défavorables qu'il accepta. Pouvait-il, en cette occasion, imiter l'exemple que lui donnait, en l'an 413 avant Jésus-Christ, Phrynicos? Pour mettre des troupes à terre, pour les reprendre à bord, nous sommes bien loin de disposer des moyens rapides et sûrs que possédaient les anciens. Ne m'a-t-il pas fallu à moi-même, dans la seconde année de l'expédition du Mexique, près d'un mois pour embarquer un seul bataillon groupé près de l'embouchure de la rivière de Tampico? Théramène avait manqué l'occasion de surprendre une flotte athénienne; il saisit avidement celle qui s'offrait à lui de gagner les bonnes grâces de Tissapherne. Le satrape avait dans la ville de Iasos, sur la côte de Carie, un ennemi personnel; il fit appel au zèle des Lacédémoniens. Les Lacédémoniens s'emparèrent de la place désignée à leurs coups et l'abandonnèrent aux vengeances du gouverneur de l'Asie maritime. La revanche des Perses commençait. Pour payer le service qui lui était rendu, Tissapherne apporta de l'or. Tous les navires alliés reçurent un mois de solde.

Tissapherne avait désormais sa flotte; Pharnabaze, à son tour, voulut avoir la sienne. Les Péloponésiens lui promirent vingt-sept vaisseaux, et Antisthène de Sparte reçut l'ordre de les lui conduire. La mission était plus facile à donner qu'à remplir; Athènes gardait avec soin les avenues de l'Hellespont. Trente-cinq vaisseaux, commandés par Charminos, Strombichidès et Euctémon, cinglaient en ce moment même vers Chio; soixante-quatorze autres, maîtres de la mer, faisaient de Samos des courses sur le territoire de Milet. La flotte d'Antisthène partit du cap Malée, entra dans Milo et y trouva dix vaisseaux athéniens. De ces dix vaisseaux, trois, abandonnés par leurs équipages, tombèrent en son pouvoir; les autres réussirent à lui échapper et firent route vers Samos. C'était là un fâcheux contre-temps pour Antisthène. La flotte athénienne allait être avisée de son départ : comment parviendrait-il à lui dérober ses mouvements? Antisthène suivit l'exemple d'Alcidas; il brava les hasards de la grande navigation. Ses vingt-sept vaisseaux firent voile pour la Crète, y rencontrèrent l'obstacle presque insurmontable alors des vents étésiens, et, après bien des péripéties, finirent par arriver à Caunes en Asie. Caunes n'était guère sur le chemin de l'Hellespont, mais Caunes était peu éloignée de Milet, et à Milet se trouvait rassemblée la flotte d'Astyochos. Antisthène demanda qu'on vînt l'escorter; Astyochos ne pouvait se refuser à ce légitime désir. Il prit sur-le-champ la route de Caunes, à la façon antique, par étapes. Sa flotte passa donc de Milet à Cos et de Cos à Cnide.

Si vous avez jamais relâché au cap Crio, vous y aurez contemplé avec admiration les débris de ce port où s'arrêtait, indécis dans sa marche, vers les premiers jours du printemps de l'année 412 avant notre ère, le navarque Astyochos. Ce ne sont que fûts de colonnes, architraves de marbre, blocs énormes tirés de carrières inconnues. Le roi Louis-Philippe songea, en 1832, à faire servir ces décombres délaissés aux embellissements du palais de Versailles. Le vaisseau *la Ville de Marseille* et le transport *le Rhône* vinrent jeter l'ancre sur cette rade, qui pour la première fois sans doute abritait de pareils colosses. Le butin fut maigre, non que le marbre manquât, mais nous nous trouvâmes inhabiles à soulever et à emmagasiner de pareils débris. Les masses que les anciens se faisaient un jeu de remuer ont toujours embarrassé la mécanique dégénérée de nos ingénieurs. La ville de Cnide, à en juger seulement par ses ruines, devait être une place importante. Toute la côte d'Asie, au temps d'Astyochos et de Tissapherne, était couverte de semblables cités. On s'explique aisément les immenses richesses qu'en devait tirer Athènes. L'Ionie maritime était pour elle ce que sont aujourd'hui les Indes orientales pour les Anglais.

Astyochos n'était pas le seul à chercher la flotte d'Antisthène; Charminos, averti par les vaisseaux qui s'étaient enfuis de Milo, espérait bien aussi en avoir des nouvelles. Il s'était, à cet effet, établi en croisière avec vingt vaisseaux dans les parages de Symé, de Chalcé et de Rhodes. C'est dans ces mêmes eaux que croisait, en 1834, la flotte égyptienne, quand elle bloquait les Turcs réfugiés au fond de la vaste baie de Marmorice. Antisthène n'avait pas jeté l'ancre à Marmorice; il était mouillé dans une baie voisine, à l'angle d'un de ces coudes que forme la rade étroite et sinueuse de Karagatch. Que sont devenues les ruines de Caunes? Ont-elles été couvertes par la végétation odorante d'où j'ai vu, deux mille deux cent quarante-six ans après l'époque où vivait Antisthène, des marchands syriens occupés à extraire un baume mystérieux que mon ignorance appelait du benjoin? Caunes ou une autre ville doit sommeiller sous ce bois touffu. Il est impossible, en effet, que les bords d'une semblable rade n'aient pas tenté quelque colonie. Sur cette côte, du reste, on peut fouiller partout; les cadavres des nations et des villes y abondent.

Revenons aux opérations navales qui, pour le présent, nous occupent. Trois escadres mutuellement ignorantes de leur position se trouvaient réunies sur la côte de Lycie : l'escadre d'Astyochos à Cnide, l'escadre d'Antisthène à Caunes, l'escadre de Charminos à Symé. Astyochos fut le premier qui obtint quelques renseignements sur la situation de l'ennemi. Il partit de Cnide au milieu de la nuit et courut vers Symé, plein de confiance et d'espoir, se croyant certain de surprendre Charminos, si Charminos n'avait pas quitté son mouillage; de l'envelopper, si la flotte athénienne avait pris la mer. Pour mettre à exécution ce projet, la première condition était de garder sa propre flotte tout entière sous la main. La pluie et la brume séparèrent les vaisseaux d'Astyochos; la moitié au moins de la flotte du Péloponèse se trouva égarée dans les ténèbres. Apprenez à naviguer et à manœuvrer de nuit; la navigation et la manœuvre de jour ne sont rien; les escadres les plus novices, les moins exercées, s'en tirent. L'obscurité n'est faite que pour les forts; l'amiral Saumarez répara son échec d'Algésiras en se jetant au milieu de nos vaisseaux par une nuit noire. L'aile gauche d'Astyochos était déjà en vue des Athéniens que l'aile droite et le centre erraient encore perdus dans le brouillard autour de l'île Symé. Charminos, lui, ne songeait qu'à la flotte de Caunes. Il aperçoit des vaisseaux; ce sont sans nul doute les vaisseaux que depuis plusieurs jours il guette! Ce général qu'on venait attaquer se croit en présence d'une aubaine. Excellente condition pour combattre! Les Athéniens s'élancent à la rencontre d'Astyochos avec toute l'ardeur qu'ils s'étaient promis d'apporter à la poursuite d'Antisthène. Trois trières du Péloponèse sont coulées; plusieurs autres subissent de graves avaries. Charminos les suit dans leur retraite et déploie son escadre sur un vaste espace; aucun de ces vaisseaux qui fuient ne doit échapper à ses filets. Mais ce ne sont pas des fuyards qui émergent cette fois de la longue bande de brume; c'est toute une division, massée, formée en ligne; c'est la seconde portion de la flotte d'Astyochos. Les vaisseaux poursuivis se rallient derrière ce rempart. Arrêtez-vous, Athéniens! Repliez-vous en toute hâte! Vous n'avez pas intercepté l'escadre de Caunes, vous êtes tombés au milieu de la flotte de Milet. Qu'il fait bon d'être agile en pareille occurrence! Une escadre moins leste eût été enveloppée; Charminos en est quitte pour la perte de six vaisseaux; le reste de son escadre a gagné sans encombre la rade d'Halicarnasse. Les Péloponésiens retournent à Cnide; les vaisseaux d'Antisthène, sachant la mer libre, s'empressent de venir les y joindre.

Un combat dans la brume! Les modernes aussi en ont livré, et celui que Villeneuve avec ses vingt vaisseaux eut à soutenir, à la hauteur du cap Finistère, contre les quinze vaisseaux de Calder en garda justement le nom de combat des Quinze-Vingts. Ces sortes d'actions sont rarement des affaires décisives; le triomphe des Péloponésiens leur donnait à peine le droit qu'ils s'arrogèrent d'élever un trophée sur l'île de Symé. C'était cependant quelque chose pour une flotte du Péloponèse d'avoir pu combattre au large et de n'avoir pas essuyé une défaite. L'empereur Napoléon eût félicité Astyochos, puisqu'il félicita Villeneuve. Il faut tenir en effet grand compte du moindre avantage qui peut donner du cœur à des soldats habitués à être vaincus. Regarder alors de trop près à la supériorité du nombre, marchander ses louanges, discuter les heureux hasards qui ont pu entraîner la victoire, n'est pas seulement une coupable injustice, c'est aussi la plus insigne des maladresses. Astyochos était donc un vainqueur. Au profit de qui avait-il vaincu ? On éprouve une certaine honte à le dire : ce Spartiate avait vaincu au profit des Perses. Maître de la mer, dominant toute la côte de Lycie, grâce à la flotte vraiment considérable qu'il devait au zèle de Syracuse, à l'activité de Corinthe, de Sicyone, de Mégare, de Trézène, d'Épidaure et d'Hermione, aux efforts redoublés des Béotiens, des Phocéens, des Locriens, des habitants de l'Arcadie et de l'isthme de Pallène, Astyochos n'avait rien eu de plus pressé que de s'aboucher de nouveau avec Tissapherne. Croit-on qu'il songeât alors à mettre son concours à un plus haut prix, qu'il voulût revenir sur les concessions arrachées par la nécessité et par les odieux conseils d'Alcibiade à Chalcidéus ? Non ! Astyochos attendait Tissapherne à Cnide pour reconnaître par un traité solennel « les droits de Darius à la possession de tous les pays précédemment soumis à la monarchie des Perses ».

On a vu des négociateurs sacrifier d'importantes portions de territoire par une simple erreur géographique; il ne s'est jamais rencontré de diplomate de la force d'Astyochos. Mesurait-il bien, ce général naïf, la portée de l'engagement qu'au nom de son pays il venait de souscrire? Se rendait-il seulement compte des résultats immédiats que cette imprudente convention pouvait avoir? Quoi! les villes ioniennes allaient retourner sous le joug! Les îles, la Thessalie, la Locride, la Grèce continentale jusqu'aux frontières de la Béotie, redevenaient le domaine des satrapes! Et c'était Lacédémone qui souscrivait à ces conditions; c'était Lacédémone qui se chargeait d'imposer aux Grecs la domination médique! Poussé jusqu'à ces limites, l'aveuglement côtoyait de bien près la trahison. Sur de moindres soupçons, Sparte avait jadis fait périr Pausanias. Moins rigoureuse cette fois, moins austère surtout, elle se contenta de désavouer Astyochos. Onze commissaires furent investis du soin de reviser le traité de Cnide. Lichas, fils d'Arcésilas, parlant au nom de ces onze délégués, n'hésita pas un instant à déclarer « qu'Astyochos avait outre-passé son mandat ». Sparte était prête à discuter toute proposition raisonnable; si l'on prétendait lui imposer des conditions humiliantes pour la Grèce, « elle n'avait plus besoin de subsides ». Au moment où il croyait toucher au succès, Tissapherne venait de se heurter à la vieille rudesse spartiate.

CHAPITRE II.

LE GOUVERNEMENT DES QUATRE CENTS.

Il restait par bonheur au satrape un précieux conseiller. « Pourquoi vous inquiéter, lui disait Alcibiade, des déclarations de Lichas? Achetez les triérarques, corrompez les généraux! Cela vaudra mieux pour vous que tous les traités. La flotte du Péloponèse vous obéira quand ses chefs vous seront acquis. On vous demande le concours de la flotte phénicienne? Répondez que cette flotte est déjà en route; gardez-vous bien de la faire venir; l'intérêt de la Perse n'est pas de mettre les Lacédémoniens en mesure de terminer par un coup de vigueur une guerre commencée il y a dix-neuf ans. La Perse trouvera plus de profit à faire traîner les hostilités en longueur. On insiste pour obtenir de vous une drachme de solde journalière par homme; faites observer que les Athéniens n'accordent la plupart du temps que la moitié de cette paye, — trois oboles, — à leurs rameurs. Pendant que vous retiendrez les Péloponésiens inactifs par ces vains débats et par ces stériles promesses, Athènes reprendra peu à peu des forces. Les deux marines se balanceront alors, s'useront l'une par l'autre, et vous deviendrez, sans avoir exposé la flotte phénicienne, l'arbitre souverain de cette longue querelle. »

Quel était donc le but que poursuivait Alcibiade? Voulait-il réellement livrer la Grèce épuisée à Darius? Le fils de Clinias connaissait trop bien sa patrie pour s'imaginer qu'il la pût dès cette heure conduire à un tel degré d'abaissement. Ce qu'il se proposait, c'était uniquement d'affermir par l'apparente bonne foi de ses conseils, disons mieux, par l'exagération de son médisme, le crédit dont il se vantait de jouir auprès de Tissapherne. L'ami du satrape se ferait aisément courtiser par les deux partis. Alcibiade était passé maître en fait d'intrigues; jamais cependant on ne l'avait encore vu ourdir trame aussi compliquée. Il s'agissait cette fois de tromper tout le monde. Après s'être insinué dans la confiance de Tissapherne en affectant de lui sacrifier les Grecs, il fallait persuader aux Grecs que Tissapherne aiderait de ses subsides ceux qui prendraient fait et cause pour Alcibiade. L'événement ne tarda pas à prouver que l'audacieux proscrit ne présumait pas trop de la crédulité de ses compatriotes. Ce fut d'abord une sourde rumeur qui parcourut les rangs de l'armée de Samos. « Tissapherne, disait-on, n'inclinait pas plus vers Lacédémone que vers Athènes; mais il s'était pris d'une vive amitié pour le fils de Clinias, et, tant qu'Alcibiade ne serait pas relevé du bannissement qui l'avait frappé, on pouvait renoncer à l'espoir de détacher le vice-roi de la cause qui lui devait déjà ses premiers triomphes. Alcibiade rendu à sa patrie, tout changeait. Tissapherne abandonnait ces grossiers Spartiates, qui, d'une main, recevaient son or et repoussaient, de l'autre, ses traités; il se tournait, par esprit de vengeance, vers Athènes, soldait libéralement la flotte, et ne demandait en retour que l'abolition de la démocratie et l'établissement d'un pouvoir résolu à maintenir d'amicales relations avec la Perse. » Que ces ouvertures aient trouvé un facile accès auprès des chefs de l'armée athénienne, il n'y a pas lieu de s'en étonner : Alcibiade promettait aux triérarques, aux pilotes, de gouverner avec l'aristocratie et de tenir désormais en bride cette odieuse lie du peuple qui l'avait chassé. Ce qui pourrait davantage surprendre, c'est de voir la foule accepter avec complaisance un projet qui ne tendait à rien moins qu'à lui ravir ses droits politiques. Les droits politiques avaient sans doute leur prix pour les rameurs athéniens, mais la *solde du roi,* la double solde, qu'on faisait briller à leurs yeux, possédait un charme devant lequel s'évanouissaient peu à peu leurs derniers scrupules.

Tissapherne n'était pas dans le secret. A quoi eût servi de lui communiquer des desseins pour l'exécution desquels on ne se proposait pas de réclamer son concours? Savait-on s'il lui conviendrait de favoriser un mouvement destiné à concentrer la puissance d'Athènes dans une main ambitieuse et habile? La seule chose essentielle était de ne pas laisser les Grecs mettre en doute la haute influence dont on se targuait. Pour cela, il suffisait de vivre ostensiblement dans la familiarité du satrape, de se faire admettre à sa table, de pénétrer à toute heure sous sa tente. Cette intimité, Alcibiade l'avait depuis longtemps conquise; il s'en faisait une arme aujourd'hui contre les citoyens qui voulaient prolonger son exil. Laisser rentrer dans la cité sainte le violateur des lois, le profanateur des mystères! A la seule pensée d'un si grand sacrilége, les prêtres de Cérès se répandaient en imprécations. « Mais, répliquaient les partisans du puissant banni, pouvez-vous indiquer un autre moyen de sauver la république? D'où vient la prépondérance assurée désormais à la flotte du Péloponèse? Des subsides du roi. Déposez donc des haines impolitiques; rappelez Alcibiade, puisque Alcibiade seul en ce moment est capable de faire passer de votre côté l'alliance qui constitue la force de vos ennemis. Il faudra peut-être changer pour quelque temps la forme du gouvernement, abandonner l'exercice du pouvoir à un petit nombre de citoyens, afin d'inspirer plus de confiance au roi. Nous ne tarderons pas à revenir à nos institutions premières; le sacrifice ne sera que passager, et qui pourrait hésiter à le subir, lorsqu'il est démontré qu'en dehors de cette ligne de conduite il n'est pas pour l'État menacé de salut? » Parler d'oligarchie au peuple d'Athènes, c'était montrer une singulière audace; le peuple cependant ne s'indigna pas. Il est des heures d'accablement moral où les nations peuvent tout entendre. On osa décider que le chef apparent de cette intrigue, Pisandre, partirait avec dix collègues pour séduire Tissapherne et ramener, s'il réussissait, Alcibiade.

Tissapherne n'avait qu'une idée : obtenir l'abandon de l'Ionie et des îles adjacentes. Les Lacédémoniens refusaient d'y souscrire; ce fut la première exigence que rencontrèrent les Athéniens. Sur ce point délicat, Pisandre et les dix commissaires qu'on lui avait adjoints ne se révoltèrent pas encore; lorsqu'à la troisième conférence Alcibiade réclama pour le roi le droit d'expédier ses vaisseaux dans les ports de la Grèce et de les y faire accueillir en alliés, le piége parut trop grossier, l'indignation d'Athènes trop probable; les pourparlers se rompirent, et Tissapherne se montra plus disposé que jamais à rendre sa faveur et ses subsides aux Lacédémoniens. Alcibiade avait été l'âme de ces négociations; la crainte d'indisposer Tissapherne l'arrêta en chemin. Il dut, quelle que fût sa pensée secrète, se montrer plus soucieux des intérêts des Perses que de la dignité, de la sécurité même de sa patrie. Le parti oligarchique résolut alors de se passer de son concours. L'homme nécessaire devint, à l'instant, l'homme fatal. Était-ce bien sur un pareil personnage que l'élite de la population devait s'appuyer? Un noble mouvement de fierté nationale sembla transporter ces Grecs qui n'étaient pas encore les Grecs du Bas-Empire; l'insolence de l'étranger les rendit à eux-mêmes. Que le roi de Perse garde son or, les conjurés prendront sur leur propre fortune l'argent dont on a besoin pour le payement de la solde. Le premier devoir de tout bon citoyen est de songer à pousser la guerre avec vigueur; vainqueur en Ionie, on n'en sera que plus fort dans Athènes. Le complot avait des ramifications étendues, moins étendues cependant que ne le supposait la terreur populaire. Les Athéniens voyaient des affiliés partout. Quelques meurtres demeurés impunis glaçaient les courages. Le plus influent meneur du peuple, le principal auteur du bannissement d'Alcibiade, Androclès, fut tué secrètement par les *incroyables* de l'époque; la démocratie n'osa plus bouger. Les citoyens ne s'abordaient qu'en tremblant; l'homme à qui l'on allait s'ouvrir de ses craintes était peut-être lui-même un conjuré. Quand Pisandre et ses dix collègues revinrent de Samos et débarquèrent au Pirée, la conspiration, tramée dans le silence, n'attendait qu'un signal pour éclater au grand jour. Pisandre amenait pour la seconder un corps d'hoplites recruté sur la route. Pisandre était l'homme d'action; il avait combiné et monté l'affaire; celui qui en tenait tous les fils se nommait Antiphon. Par quel fol espoir « ce penseur profond » dont Thucydide n'a jamais cessé de révérer la mémoire, « cet habile orateur, ce citoyen estimé entre tous », fut-il donc conduit à tenter d'arracher le peuple athénien à l'abîme? Put-il s'imaginer qu'il contiendrait longtemps une multitude « non-seulement étrangère à toute sujétion, mais encore accoutumée à faire la loi aux autres »? Fatale et commune erreur des sages! En fait de politique, la philosophie de Falstaff leur donnerait des leçons : « Se figurent-ils, parce qu'ils sont vertueux, qu'il n'y aura plus de joyeux compagnons attablés dans les tavernes? »

Tout alla bien cependant au début. Guidé par les conseils d'Antiphon, Pisandre commença par convoquer une assemblée populaire. Dans cette assemblée, on proposa aux Athéniens d'élire dix commissaires, chargés d'étudier les moyens « d'arriver à fonder le meilleur gouvernement possible». Le meilleur gouvernement, ce ne pouvait être évidemment celui qui avait décrété la guerre du Péloponèse et qui venait d'échouer en Sicile. Les Athéniens étaient las de « coucher sur la paille en gardant les remparts, de voir des hommes à cheveux blancs dans les rangs de l'armée, tandis que des jeunes gens se dérobaient aux fatigues de la guerre par des ambassades ». Sous le joug capricieux de la démocratie, riches et pauvres avaient également souffert. Les riches, on leur imposait les fonctions de triérarque, on les obligeait à équiper à leurs frais de vieilles galères, dont les flancs à demi pourris s'ouvraient de vétusté; les pauvres, depuis vingt ans, n'avaient cessé de voir constamment suspendu sur leur tête « l'ordre de se présenter, avec trois jours de vivres, pour aller à la mort ». Aussi la masse du peuple ne demandait-elle qu'à ne plus entendre le retentissement « des tolets qu'on adapte au plat-bord, des rames qu'on attache à leur cheville ». Promettre aux Athéniens « de scier les piques en deux pour en faire des échalas» était, en ce moment, le plus sûr moyen de gagner leurs suffrages. Les dix commissaires furent élus sans contestation; le vieux Démos les investit de ses pleins pouvoirs. Au jour fixé, le morose vieillard vint s'asseoir de nouveau sur les bancs de pierre du Pnyx, « avec son outre, son pain, sa petite provision d'ail, d'oignons et d'olives », en vrai palikare qu'il était. Les dix délégués comparurent alors devant sa toute-puissance; c'était au peuple d'Athènes de juger et d'approuver, s'il le trouvait bon, leur œuvre. Le comité de législation, malgré la hâte extrême qui lui était imposée, n'avait pas fait les choses à demi. Il proposait « d'abolir toute magistrature conférée par l'ancien état de choses, de supprimer les emplois salariés et de confier l'autorité suprême à quatre cents citoyens ».

Ce gouvernement des quatre cents, — tel est le nom qu'il porte dans l'histoire, — s'installa sans encombre. Il rencontra si peu d'opposition qu'à part quelques exécutions clandestines, quelques condamnations à l'exil ou aux fers, il n'eut pour ainsi dire pas à user de rigueur. Le point difficile n'est jamais de se faire accepter; les embarras commencent quand il faut justifier les grandes espérances qu'on a fait naître. Le peuple d'Athènes voulait la paix; il eût été dangereux de ne pas prendre au sérieux son impatience. Les quatre cents envoyèrent donc sur-le-champ au roi Agis, qui continuait d'occuper Décélie, un héraut chargé de déclarer le véhément désir qu'éprouvait le nouveau gouvernement d'arriver à une prompte réconciliation. Agis ne se contenta pas de faire le plus froid accueil à cette ouverture. Dès qu'il sut qu'une révolution venait d'éclater dans Athènes, il se mit en mesure d'en profiter. « J'irai, dit-il, porter moi-même ma réponse aux Athéniens. » Et, sans perdre un instant, il fit mander en toute hâte des troupes du Péloponèse. Quand il se crut en force, il descendit de Décélie dans la plaine à la tête de son armée. Le roi de Lacédémone heureusement se trompait; Athènes n'était pas livrée à l'anarchie. Les soldats du Péloponèse ne rencontrèrent pas des citoyens divisés, prêts à leur ouvrir les portes de la ville; ce qui vint à eux, ce fut des cavaliers, des hoplites, des archers, des peltastes, qui culbutèrent leurs postes avancés et obligèrent Agis déconcerté à battre précipitamment en retraite. Les quatre cents avaient ainsi prouvé qu'ils étaient un gouvernement; Agis consentit à laisser passer l'ambassade qu'ils envoyèrent à Lacédémone pour y négocier, s'il était possible, un accord.

CHAPITRE III.

LA RÉVOLTE DE LA FLOTTE DE SAMOS.

Croit-on que ces conspirateurs heureux, maîtres dans Athènes, en possession d'une trêve qui pouvait conduire à la paix, en fussent pour cela plus tranquilles? Le succès du moment avait-il la vertu de les étourdir sur la gravité de la situation? Non! Les quatre cents ne se faisaient pas d'illusions, et nul ne savait mieux qu'eux à quel point l'autorité qu'ils avaient surprise demeurait précaire entre leurs mains. L'armée de Samos ne s'était pas encore prononcée, et dans l'île même, l'oligarchie venait d'avoir le dessous. Séduits par Pisandre, trois cents Samiens s'abouchèrent en secret avec Charminos revenu d'Halicarnasse. Pour donner à ce général, que nous avons vu faire si bonne figure au combat de Symé, un gage de leurs intentions, ils commencèrent par assassiner Hyperbolos, « méchant homme, nous dit Thucydide, banni par l'ostracisme, non qu'il pût exciter aucune crainte par sa puissance et par son crédit, mais parce que sa basse méchanceté était une honte pour la république ».

Si « l'aigre Hyperbolos » était un personnage aussi insignifiant, fallait-il donc se débarrasser de lui par un crime? On le tua comme on tua Marat. Le crime, en tout cas, fut une faute, car il révéla l'existence du complot. Le peuple de Samos prit les armes, égorgea une partie des conjurés, exila trois des plus compromis, amnistia les autres et continua de se gouverner suivant les institutions qu'il avait jadis conquises avec l'aide des Athéniens. Telle était la nouvelle qui vint jeter l'alarme dans le camp des quatre cents. Un autre avis infiniment plus grave ne tarda pas à porter à son comble l'inquiétude des amis de Pisandre. Laissée à elle-même, en contact perpétuel avec une population qui avait l'aristocratie en horreur, l'armée de Samos était redevenue ce que fut l'armée d'Italie au temps de Bonaparte; l'esprit de réaction n'y rencontrait plus de faveur. Les soldats ignoraient encore les événements qui venaient de s'accomplir dans Athènes; ils se méfiaient cependant déjà de leurs chefs. Les troubles de Samos achevèrent de les éclairer. Le parti oligarchique s'était insurgé dans l'île; la démocratie devait être menacée ailleurs;

une coupable connivence avait sans doute encouragé le mouvement. Les généraux, gagnés pour la plupart, demeuraient indécis; un simple triérarque, Thrasybule, le chef d'un corps d'hoplites, Thrasylle, se donnèrent la mission de déjouer les menées dont le soulèvement prématuré de Samos semblait l'indice. « Ils prirent en particulier chacun des soldats et les engagèrent à ne pas tolérer la révolution qui se préparait. » Un vent de fructidor passa dans les rangs; la *Paralos,* montée par Chéréas, fit voile pour le Pirée.

Les soldats avaient exigé qu'on instruisît Athènes de ce qui venait de se passer à Samos; ils voulaient que le peuple connût en même temps leurs inquiétudes. Chéréas possédait la confiance de l'armée; on attendrait son retour pour prendre un parti. Les quatre cents n'eurent pas la simplicité de laisser débarquer cet Augereau; ordre fut même donné de l'arrêter. Chéréas s'esquiva et parvint à se dérober à toutes les recherches. « J'arrive d'Athènes, dit-il, où vous m'aviez envoyé. La *Paralos* a été saisie, et son équipage, l'élite de la flotte, est aujourd'hui dispersé sur de misérables navires de transport. Voulez-vous savoir ce qui se passe dans Athènes? La démocratie y a été renversée, et le parti oligarchique règne en maître. Il ne se borne pas à battre de verges les citoyens, à insulter les femmes et les enfants; il menace de jeter en prison les familles des marins qui ne se montreront pas ici favorables à ses projets. » La torche tombait sur le champ de blé; il faudrait s'étonner si elle n'y eût pas allumé l'incendie.

La sédition a rarement les coudées franches dans une flotte; l'entente entre les équipages y est trop difficile. On a vu cependant, au cours de nos dernières guerres avec les Anglais, l'armée navale de Portsmouth arborer l'étendard de la révolte. Ce fait est une exception, et la révolte d'ailleurs fut promptement étouffée. Mais les équipages des anciens, une fois mouillés sur rade, ne vivaient plus à bord; le camp qui les renfermait, agora de passage, pouvait à la minute se transformer en pnyx. Une assemblée tumultueuse se trouve donc rassemblée à l'instant; les généraux, les triérarques suspects sont déposés, sans qu'on veuille même prendre la peine de les entendre; de nouveaux chefs sont élus par acclamation. Au nombre de ces chefs figurent naturellement Thrasybule et Thrasylle.

N'allez pas vous imaginer que ce grand transport populaire ait fait oublier aux matelots athéniens l'or du grand roi, cet or dont Pisandre le premier leur laissa entrevoir la rosée bienfaisante! L'or du grand roi conservait toujours son prestige; seulement ce n'étaient ni Pisandre ni les quatre cents qui en disposaient. On en avait maintenant la certitude. C'était Alcibiade. A quel parti appartenait donc le fils de Clinias? Au parti d'Alcibiade, nous l'avons déjà dit. Dans le désarroi où les révolutions politiques jettent les peuples, on voit une foule de gens ne plus professer de culte que pour l'habileté. Alcibiade était incontestablement habile. Après avoir trompé Pisandre, il allait faire de Thrasybule sa dupe ou son complice. Thrasybule convoqua l'armée et obtint son assentiment au rappel d'Alcibiade. C'était se mettre en insurrection ouverte contre le gouvernement d'Athènes. Sans aucun doute; mais pourquoi hésiterait-on à jeter le défi à ce gouvernement qu'on n'a jamais reconnu? Athènes n'a-t-elle pas la première fait défection en portant atteinte aux lois de la patrie? Ces lois, l'armée se lève pour les défendre; elle saura bien contraindre Athènes à y revenir.

Alcibiade était toujours auprès de Tissapherne. Thrasybule l'alla trouver et le ramena triomphant à Samos. Mis en présence des soldats, Alcibiade sut jouer admirablement son rôle. Il n'énuméra pas pompeusement ses services, ne se plaignit point de son bannissement; il se contenta de faire parler Tissapherne. « Le satrape, à l'entendre, ne demandait qu'une chose : qu'Alcibiade fût rappelé dans sa patrie et lui servît de garant près du peuple d'Athènes. Les subsides alors ne manqueraient pas. Tissapherne ferait, au besoin, argent de son propre lit. Ce n'était pas aux Lacédémoniens qu'il amènerait la flotte phénicienne, c'était aux Athéniens devenus ses amis le jour où ils rendaient leur confiance à l'exilé qui possédait la sienne. » Le grand art ne serait-il pas en politique de savoir ce qu'on peut demander sans crainte à la crédulité des foules? On peut aller beaucoup plus loin dans cette voie que ne le suppose généralement le vulgaire. Le succès qu'obtint Alcibiade à Samos en est la preuve. Les soldats l'élurent sur-le-champ général et lui remirent le soin de punir les quatre cents. Ils voulaient à l'instant faire voile vers le Pirée; Alcibiade les retint. « Lui seul, dit Thucydide, était capable de rendre ce signalé service à sa patrie. » Il est triste de penser qu'Alcibiade pût encore mériter la reconnaissance d'Athènes; le fait néanmoins est incontestable. Le départ de la flotte livrait sans coup férir aux Lacédémoniens l'Ionie et l'Hellespont. L'intérêt d'Alcibiade se confondait, il est vrai, en cette circonstance avec l'intérêt de la république. S'il ne restait plus que des vaisseaux lacédémoniens dans les eaux de l'Asie, que devenait la politique de bascule à l'aide de laquelle on avait jusqu'alors réussi « à faire peur aux Grecs de Tissapherne, à Tissapherne des Grecs » ? N'était-ce pas dans ce jeu habilement conduit que consistaient surtout l'importance et, par contre, la popularité du nouveau général ?

L'attitude prise par la flotte de Samos ruinait les espérances des quatre cents. L'oligarchie athénienne n'avait plus qu'une ressource : ménager à tout prix un accommodement avec Lacédémone. Irait-elle jusqu'à livrer la ville à l'ennemi ? On l'accusait déjà d'en nourrir la pensée. Tout à coup une flotte de quarante-deux vaisseaux, commandée par le Spartiate Hagésandridas, fait son apparition dans le golfe d'Égine. Signalée bientôt à Mégare, on l'aperçoit longeant la côte de l'île de Salamine. Plus de doute ! Cette flotte est appelée par la trahison. Les citoyens courent en masse au Pirée ; les uns s'embarquent, les autres lancent à la mer les vaisseaux qui demeurent encore à sec sur la plage. Les murs, l'entrée du port se garnissent de défenseurs. Zèle bien superflu ! émotion bien vaine ! La flotte du Péloponèse a sa destination, et cette destination n'est pas le Pirée. Hagésandridas continue de ranger les rivages de l'Attique, double le cap Sunium et va jeter l'ancre devant Oropos, dans le canal de l'Eubée. Oropos est en face d'Érétrie.

L'Eubée menacée, c'était quelque chose de plus grave encore que l'Attique envahie. Le gouvernement des quatre cents se hâte de diriger sur Érétrie les vaisseaux du Pirée. Timocharès part avec cette flotte dont la composition ne rappelait guère les armements des beaux jours de la république. Oropos n'est séparé d'Érétrie que par un étroit bras de mer; les deux flottes n'avaient donc qu'un faible espace à franchir pour se joindre. Hagésandridas prend résolûment l'offensive. Il disposait de quarante-deux vaisseaux, venus pour la plupart de Locres, de Tarente, des ports de la Sicile; Timocharès ne pouvait lui en opposer que trente-six. Ce n'est pourtant pas l'infériorité du nombre qui cause ici le plus grand embarras des Athéniens; leurs équipages sont encore dispersés dans la ville que l'ennemi est déjà sur eux prêt à les attaquer. Il faut des vivres frais à ces matelots d'Athènes; leur farine et leur fromage, leur ail, leurs olives, leurs anchois, leurs chapelets d'oignons ne leur suffisent pas. Trois jours de provisions sont d'ailleurs bientôt consommés. A peine a-t-on mis le pied à terre que, la drachme à la bouche, on court au marché, et, si le marché se trouve éloigné du rivage, il est facile de comprendre à quelles surprises on s'expose. Nous avons aujourd'hui des cales mieux garnies, nous avons le *bateau de la marchande,* admirable institution qui vient jeter un peu de variété dans une alimentation trop monotone; nous n'avons même pas besoin d'aller chercher de l'eau à la plage, puisque nous distillons l'eau de la mer; nous ne sommes donc pas exposés à combattre, par suite de l'absence de corvées nombreuses, avec des équipages incomplets, comme les Athéniens à Érétrie, comme nos vaillants pères dans la baie d'Aboukir. Il n'en reste pas moins prudent de se tenir toujours à bonne distance des escadres mouillées dans un port qu'on observe. Ces escadres peuvent venir à nous avec toute leur pression; nous ne les bloquerons jamais avec tous nos feux allumés. Entrer en action avec une vitesse notablement inférieure est un désavantage qui ne le cède en rien à celui dont les Athéniens eurent à souffrir pour la première fois, mais non pour la dernière, sur la côte de l'Eubée. Il n'y a pas ici de corde teinte en rouge qui puisse, comme sur l'agora, envelopper la foule et la pousser où l'appelle son devoir. Les céleustes crient, les trompettes sonnent, les flûtes glapissent, et, pendant ce temps, Hagésandridas arrive. On a embarqué ce qu'on a pu; les Athéniens tiennent ferme; leurs chiourmes impuissantes trahissent le courage des hoplites. Poussés jusqu'à la côte, ils perdent vingt-deux bâtiments sur trente-six, et leur défaite est le signal de l'insurrection de l'Eubée.

Rien ne réussissait aux quatre cents. Le peuple,

qui avait subi leur usurpation, qui l'avait même consacrée par ses votes, se leva contre eux dès qu'il les vit condamnés par la fortune. Il courut au Pnyx et les déclara déchus du pouvoir; l'autorité fut de nouveau remise aux cinq mille. Qu'aurait fait de l'autorité cette foule irrésolue, si l'on n'eût, du même coup, songé à lui procurer un guide? Le rappel d'Alcibiade fut décrété. Pour la crédule Athènes, non moins que pour la crédule armée de Samos, ce rappel devait être l'avant-coureur de l'alliance du grand roi, le précurseur des subsides de Tissapherne. Pisandre et les principaux partisans de l'oligarchie jugeaient depuis longtemps leur cause à peu près perdue; ils ne crurent pas devoir laisser à la démocratie la tentation d'ensanglanter sa victoire. L'asile de Décélie leur était ouvert; ils s'y précipitèrent. Agis les reçut avec bienveillance. « C'est ainsi, conclut Thucydide, que cessèrent dans Athènes les séditions. » La sédition, c'est l'usurpation qui échoue.

CHAPITRE IV.

LE COMBAT DE CYNOSSÉMA.

Athènes possédait de nouveau le gouvernement qui lui était cher ; seulement le siége de ce gouvernement était bien plutôt dans le camp de Samos que sur la colline du Pnyx. On ne peut nier qu'il n'y eût quelque avantage à ce qu'il en fût ainsi. Tout ce qui avait quelque vigueur de corps ou d'esprit était, à cette époque, aux armées. Il ne restait dans la ville que de braves officiers hors d'âge, des *tallophores,* dont la principale fonction était de porter des branches d'olivier dans les grandes panathénées, et l'occupation favorite de critiquer les opérations de leurs successeurs. A côté de cette vieillesse chagrine, venaient se ranger les *pêcheurs d'anguilles,* « ceux qui font métier d'agiter la vase en tous sens, pour que la pêche soit bonne », les juges, — on comptait cinq mille citoyens employés à rendre des arrêts dans Athènes,

— les juges, toujours prêts à venir toucher leurs trois oboles et n'ayant que trop d'occasions de les mériter, car les Athéniens étaient aussi friands de procès que l'ont été jadis les Normands. « Quand je t'assigne ou quand tu m'assignes, disaient autrefois les compatriotes de Rollon, ça me joue du violon dans le cœur. » Ces divers éléments réunis constituaient le peuple; les rameurs, les pilotes, les triérarques, les hoplites constituaient l'armée. Les soldats ne montraient pas toujours beaucoup plus de bon sens que les habitués du Pnyx; ils comprenaient du moins la nécessité d'obéir quand apparaissait à l'horizon le Spartiate barbu, de lever les rames quand le céleuste criait : *Hop!* de replonger l'aviron dans l'eau quand il commandait : *Hippapé!* Il y avait, en un mot, certaines habitudes invétérées de discipline dans cette foule démocratique. Que le sort y vînt joindre le surcroît d'autorité que donne aux chefs heureux l'ascendant de la victoire, et Athènes peut-être était sauvée.

Amnistié sur le Pnyx, acclamé à Samos, Alcibiade ne songeait pas encore à conduire à l'ennemi la flotte qui s'était jetée dans ses bras. Sa grande préoccupation n'était pas de rencontrer les Lacédémoniens; il tenait surtout à retrouver Tissapherne. Avec treize vaisseaux, il se mit sur-le-champ à la recherche du satrape; il courut au delà de Caunes, il dépassa même Phasélis, dans le golfe de Pamphylie. « Je veux, dit-il aux Athéniens, ramener la flotte phénicienne d'Aspendos. » Cherchez, si vous avez par hasard sous la main la carte du dépôt de la marine, Manavgat, sur la côte orientale du golfe moderne de Satalie : c'est là que vous rencontrerez l'emplacement d'Aspendos et l'antique embouchure de l'Eurymédon. La flotte phénicienne se composait de cent quarante-sept vaisseaux; les matelots athéniens n'étaient pas destinés à la voir. Autant aurait valu pour eux courir après le *Voltigeur hollandais*. Pendant cette poursuite vaine à laquelle s'acharnait le fils de Clinias, sans qu'on en puisse exactement découvrir les motifs, Thrasybule et Thrasylle ne perdaient pas leur temps; ils gagnaient sur les Lacédémoniens la bataille de Cynosséma.

Si l'on veut bien comprendre l'importance de cette grande journée, qui fut pour la république athénienne, alors aux abois, ce que fut pour la nôtre la victoire de Zurich, il est nécessaire de remonter un peu le cours des événements et de se reporter de l'année 411 à l'année 412 avant Jésus-Christ, des troubles de Samos au combat de Symé. Les Lacédémoniens, on s'en souvient peut-être, avaient, devant Symé, capturé six vaisseaux athéniens. Bien qu'ils n'eussent pas réussi, après ce combat, à s'entendre avec Tissapherne, ils n'en restaient pas moins les maîtres incontestés de la mer sur la côte de Lycie; les Athéniens demeuraient concentrés entre Chio et Samos. Astyochos profita de sa prépondérance pour détacher Rhodes de la cause d'Athènes. Il se porta vers cette île à la tête de toute sa flotte, obtint des Rhodiens un subside de 132,000 francs, tira ses vaisseaux à terre et se tint en repos durant quatre-vingts jours. Tissapherne n'avait pas obtenu des Athéniens ce que s'obstinaient à lui refuser les délégués de Sparte; il jugea prudent de renouer ses relations avec Astyochos. A court d'argent, les Péloponésiens accueillirent sans difficulté ses ouvertures, conclurent avec lui un nouveau traité et se portèrent, dès les premiers jours du printemps, de Rhodes à Milet. Ce mouvement les rapprochait de la flotte athénienne et devait amener, pour peu que les deux adversaires s'y prêtassent, une action décisive.

Les Lacédémoniens étaient « un peuple lent, sans vivacité dans ses entreprises ». Ils mettaient généralement peu d'ardeur à poursuivre leurs avantages, mais ils avaient alors pour alliés les Syracusains, et nul peuple n'offrit plus de ressemblance avec les citoyens d'Athènes que le peuple qui habitait Syracuse. Ces auxiliaires entraînèrent Astyochos à chercher l'occasion de livrer un combat naval. Astyochos réunissait alors sous ses ordres cent douze vaisseaux; la flotte athénienne rassemblée à Samos n'en comptait plus que quatre-vingt-deux, car un des généraux, Strombichidès, venait d'être détaché dans l'Hellespont avec vingt-quatre trières montées en partie par des hoplites. Le Spartiate Dercyllidas, à la tête d'une armée de terre peu nombreuse, s'était chargé d'accomplir la tâche pour l'achèvement de laquelle Pharnabaze attendait depuis six mois l'arrivée de l'escadre d'Antisthène; il avait insurgé Abydos et Lampsaque. Strombichidès partait avec la mission de ramener sous le joug ces deux villes qui commandaient l'entrée de la Propontide et, par conséquent, celle du Pont-Euxin. Le général athénien réussit sans peine à Lampsaque; Abydos lui ferma ses portes. Il se disposait à en faire le siége quand l'ordre lui parvint de rentrer immédiatement à Samos. Le retour de Strombichidès rétablit l'équilibre des forces, et les Athéniens purent aller à leur tour défier les Péloponésiens sur la rade de Milet. Deux flottes considérables, dont l'entretien épuisait les ressources des deux belligérants, se neutralisèrent ainsi sans profit pendant près d'une année.

Mécontents de Tissapherne, qui mettait peu d'exactitude dans ses payements, les Lacédémoniens songèrent de nouveau à s'adresser à Pharnabaze. Ils lui expédièrent de Milet quarante vaisseaux dont ils confièrent la conduite à Cléarque, fils de Ramphias. Pour mieux dérober leur marche aux Athéniens, ces vaisseaux voulurent prendre la route du large. La tempête, — tout vent contraire était tenu pour tempête à cette époque, — les dispersa. Dix vaisseaux commandés par Hélixos de Mégare réussirent seuls à gagner l'Hellespont; les autres avec Cléarque se crurent trop heureux de pouvoir revenir à Milet, après avoir relâché à Délos. Les vaisseaux d'Hélixos, trouvant l'Hellespont libre, entrèrent dans la Propontide et allèrent insurger Byzance. C'était le moment où l'on s'occupait de politique à Samos; la surveillance de l'Hellespont devait naturellement en souffrir. Il est vrai qu'on n'était guère plus discipliné à Milet. Les matelots de Syracuse et de Thurium avaient apporté dans la flotte à laquelle ils étaient associés les allures qui préparaient si bien, par le désordre, la Sicile à l'avénement de la tyrannie. Ces turbulents alliés, moins patients que les Corinthiens et les Spartiates, prétendaient ne souffrir aucun retardement dans le payement de leur solde. Astyochos n'était pas habitué à subir de pareilles exigences; les doléances séditieuses apportées devant lui n'obtinrent de sa part qu'une réponse hautaine. Un des triérarques, Doriée, — c'était un Rhodien, — voulut insister; Astyochos leva sur le capitaine de Rhodes son bâton.

Toute la masse des soldats se sentit atteinte par cette offense. Une clameur effroyable s'élève; si Astyochos n'eût couru embrasser l'autel dressé au milieu du camp, c'en était fait de sa vie. Heureux temps que celui où des soldats rebelles respectaient au moins la majesté des dieux! Le général ne fut pas même blessé; son commandement n'en était pas moins devenu impossible. En ce moment, par une coïncidence des plus favorables, un autre navarque, Mindaros, arrivait du Péloponèse. Astyochos lui remit avec joie ses pouvoirs et s'embarqua pour aller apprendre à Sparte de quelle façon les alliés qui la secondaient entendaient l'obéissance militaire.

Les généraux de Sparte ne convenaient en réalité qu'à une armée de Spartiates; le peu de soin qu'ils prenaient de leur personne rendait plus choquante encore la brusquerie de leurs manières; mais il fallait se venger d'Athènes, et les Syracusains eux-mêmes prirent le parti de faire pour quelque temps crédit à Mindaros. Le successeur d'Astyochos n'en comprit que mieux la nécessité de se porter le plus promptement possible au-devant des subsides que lui promettait Pharnabaze. Il donna brusquement l'ordre du départ. Une tempête le jeta sur l'île de Nicarie. La flotte s'y arrêta cinq jours et passa de Nicarie à Chio; de Chio, rangeant de près tout le continent, elle finit par atteindre le promontoire Sigée. Que faisaient donc pendant cette traversée si longue Thrasybule et Thrasylle ? Le gouvernement des quatre cents ne leur causait plus d'inquiétude ; ils étaient libres de donner tous leurs soins à la guerre, et leur premier devoir consistait à garder l'entrée de l'Hellespont. S'ils étaient restés à Samos, on eût pu croire qu'ils y attendaient Alcibiade et la flotte phénicienne ; mais non ! Thrasybule et Thrasylle s'étaient portés avec soixante-sept vaisseaux de Samos à Méthymne, au nord de Lesbos, et Mindaros, venant de Milet, ayant par conséquent plus de cent quatre-vingts milles à parcourir pour suivre tous les détours de la côte, leur avait glissé entre les mains. Il n'existait point en ce temps de lunettes d'approche ; on y suppléait en employant les vues les plus perçantes. Chaque armée navale possédait ses vigies attitrées qu'elle plaçait sur les sommets des îles pour découvrir ce qui se passait au large. Des feux allumés sur ces éminences transmettaient de cap en cap, le jour par leur fumée, la nuit par leur flamme, les avis que les généraux étaient intéressés à recevoir. Thrasybule et Thrasylle n'avaient pas laissé les sommets de Lesbos dégarnis, et pourtant Mindaros venait de tromper leur surveillance. La *Paralos* et la *Salaminienne* les auraient mieux servis; malheureusement le gouvernement des quatre cents s'était cru obligé de désorganiser l'équipage de la *Paralos*, et, quant à la *Salaminienne*, on lui trouva sans doute une autre destination. Deux yachts, c'était trop peu pour la marine athénienne.

Quand j'avais l'honneur de commander l'escadre de la Méditerranée, je demandais, dans un de mes rapports d'inspection générale, qu'il y eût toujours un éclaireur par groupe de deux vaisseaux. « Le métier d'éclaireur, disais-je, est si difficile, la mission que de semblables navires remplissent est si importante qu'on ne saurait donner trop d'attention à cette partie du service. Ce sont les éclaireurs qui déterminent les résolutions de l'amiral; une reconnaissance mal exécutée, une appréciation inexacte peuvent compromettre toute une escadre, faire manquer une occasion qui ne se retrouvera plus ou amener un conflit inégal. Il importe donc de former avec autant de sollicitude de jeunes capitaines d'avisos que de vieux capitaines de haut bord. Les futurs commandants des bâtiments qu'au jour du combat nous mettrons en ligne auront de cette façon l'occasion de se faire connaître et de prendre pour ainsi dire leurs degrés. »

Mal servis par leurs vigies, dépourvus d'éclaireurs, les généraux de la flotte athénienne laissèrent passer la flotte du Péloponèse sans tenter aucune démonstration pour l'arrêter au passage. Mindaros allait tomber comme la foudre dans l'Hellespont. Deux escadres, à peu près d'égale force, s'observaient déjà dans ce détroit : une escadre athénienne de dix-huit bâtiments mouillée devant Sestos, une escadre de seize vaisseaux péloponésiens préposée à la garde d'Abydos. Mindaros pouvait avoir quelque sujet d'espérer qu'il surprendrait les vaisseaux athéniens. Les vigies de la Chersonèse s'acquittèrent mieux de leur office que les vedettes de Lesbos. A peine les vaisseaux du Péloponèse, profitant des premières ombres de la nuit, eurent-ils quitté le mouillage de Sigée que toute la côte se couronna de feux. Les Athéniens étaient avertis; en un instant leurs navires furent sous voiles. L'appareillage eut lieu avec une telle célérité, dans un si remarquable silence, que les vaisseaux d'Abydos n'en soupçonnèrent rien. Moins d'un mille et demi cependant séparait alors les deux escadres. Voilà les tours de force de la discipline! Collingwood ne se déroba pas avec plus de bonheur, pendant qu'il bloquait en 1805 la baie de Cadix, à l'escadre inattendue de Villeneuve. Les Athéniens toutefois, malgré ce premier succès, n'étaient pas encore complétement sortis du péril. Ils rasaient la côte de la Chersonèse quand le lever du jour révéla leur présence à la flotte de Mindaros. Quatre vaisseaux qui fermaient la marche tombèrent au pouvoir des Péloponésiens : les quatorze autres purent se réfugier à Imbros et à Lemnos. Mindaros jugea inutile de prolonger la chasse ; il alla jeter l'ancre sur la rade d'Abydos. Les Péloponésiens avaient dès ce moment quatre-vingt-dix-huit vaisseaux réunis dans l'Hellespont.

Quand Thrasybule et Thrasylle apprirent à Méthymne cette nouvelle, ils en furent un instant atterrés. Qu'allait penser Athènes? De quel châtiment punirait-elle cette impardonnable négligence? Il n'y avait qu'un coup d'éclat qui pût sauver leur responsabilité compromise. Thrasybule et Thrasylle se résolurent à le tenter, sans même attendre le retour d'Alcibiade. Il leur restait dans Sestos une tête de pont dont les Athéniens étaient habitués à faire usage. Ce ne fut cependant pas Sestos, trop rapproché de l'ennemi, ce fut une baie voisine que les généraux choisirent pour lieu de rendez-vous. Là se rassemblèrent peu à peu les divers détachements de la flotte athénienne. Comment Mindaros leur permit-il de s'y concentrer? Par suite de cette inertie à laquelle on n'est que trop sujet après un premier triomphe. Bientôt les Athéniens eurent en face d'Abydos une force de soixante-seize vaisseaux, force compacte, unie, accoutumée à manœuvrer de concert et parfaitement en mesure d'offrir le combat aux quatre-vingt-dix-huit vaisseaux péloponésiens.

On sait quelle est la violence du courant de l'Hellespont. Lord Byron, à l'exemple de Léandre, a pu traverser ce canal à la nage; jamais escadre moderne n'a songé à le choisir pour champ de bataille. Les trières athéniennes y devaient, au contraire, faire excellente figure; les difficultés du terrain profitent toujours à la force la mieux exercée. Les deux flottes se rangèrent d'abord en ligne de file, l'une sur le rivage d'Europe, l'autre sur le rivage d'Asie. Les Athéniens, nous l'avons déjà dit, avaient mouillé au-dessous de Sestos; leur but, en se déployant, était de gagner l'appui de cette place. Il leur fallait, pour cela, doubler le promontoire de Cynosséma, dépasser, en d'autres termes, l'étranglement que commandent aujourd'hui les deux châteaux des Dardanelles. Thrasylle marchait en tête, Thrasybule le suivait. L'avant-garde athénienne venait de tourner le cap que l'armée tout entière devait doubler; elle s'enfonçait peu à peu, longeant de près la rive, dans la baie qui se creuse entre Cynosséma et Sestos, — nous dirions aujourd'hui entre Kilid-Bahr et Bovali-Kalessi, — quand la flotte du Péloponèse se mit, à son tour, en mouvement. Échelonnée d'Abydos à Dardanos, — de la pointe Nagara au château d'Asie, — cette flotte avait le dessus du courant. Il lui suffisait de se laisser emporter de biais à travers le détroit pour arriver avec la rapidité de la flèche sur l'ennemi. Quand Mindaros voit les deux portions de la flotte athénienne séparées par le promontoire qui les cache l'une à l'autre, il donne à ses vaisseaux le signal d'attaquer. Les Syracusains contiendront Thrasylle, sans pousser cependant leur attaque à fond; le reste de la flotte se jettera sur Thrasybule. Ce fut le centre surtout qui eut à subir l'effort de cet assaut; l'arrière-garde athénienne, trop éloignée encore, fut négligée à dessein. En quelques minutes, les vaisseaux du centre sont poussés à la côte, contraints à s'échouer; les équipages se précipitent en désordre sur la plage. C'est une effroyable déroute qui commence. Fier de ce premier avantage, Mindaros croit avoir facilement raison de l'arrière-garde; mais l'arrière-garde a brusquement changé son ordre de file en ordre de front et pivote, en ce moment même, sur le vaisseau de gauche. Mindaros s'aperçoit à temps du danger qu'il court; les Athéniens manœuvrent pour l'envelopper. Il rallie précipitamment ses vaisseaux, se reporte à toutes rames sur la côte d'Asie et ne cesse de remonter la côte que lorsqu'il se sent protégé par les remparts d'Abydos. Thrasylle n'a plus à combattre que les vaisseaux syracusains. Il marche droit sur eux par une conversion rapide et les met en fuite. Les Athéniens avaient, dans la première période du combat, perdu quinze vaisseaux; dans la seconde ils en prirent vingt et un. Telle fut la glorieuse journée de Cynosséma. Le succès matériel était insignifiant, le succès moral fut immense. Athènes recouvrait l'ascendant perdu depuis deux ans; la mer redevenait tout à coup son domaine.

Cyzique, dans la Propontide, s'était insurgée; le combat de Cynosséma suffit pour la faire rentrer dans le devoir. La reprise de Cyzique termina la campagne de l'année 411. Le nouveau gouvernement s'empressa de porter à son compte un succès dont il lui était cependant difficile de s'attribuer le mérite, car le temps même lui aurait manqué pour le préparer. Les peuples n'y regardent pas généralement de si près; la victoire remportée par les deux triérarques qui avaient le plus contribué à la chute des quatre cents affermit pour longtemps la prépondérance du parti populaire.

CHAPITRE V.

LE COMBAT D'ABYDOS ET LE COMBAT DE CYZIQUE.

Alcibiade n'avait pas encore combattu; il avait beaucoup intrigué. Cet enfant gâté de tous les partis revient enfin de Caunes et de Phasélis. La flotte phénicienne n'ira pas rejoindre les Péloponésiens, Alcibiade a détourné Tissapherne de ce projet; les dispositions du satrape, à l'entendre, sont plus que jamais favorables aux généraux d'Athènes. Nous allons donc voir le fils de Clinias se mettre enfin à la tête de son armée, prendre sa place entre Thrasybule et Thrasylle? Le fils de Clinias a d'autres desseins. On a vu Doria posséder en propre des galères, les mettre au service de Gênes, les louer tantôt à François Ier, tantôt à Charles-Quint; Alcibiade paraît avoir joui du même privilége. Il faut moins le considérer comme un général athénien que comme un condottiere sans patrie, qui fait la course ou la guerre au nom de celui des belligérants vers lequel tour à tour il incline. Alcibiade a, comme Miltiade, son château fort dans la Chersonèse. C'est une retraite, — disons mieux, un repaire, — qu'il s'est ménagé. Nous lui avons connu treize vaisseaux, il en équipe neuf autres. Avec cette escadre, il se reporte vers le sud, opère une descente sur la côte d'Halicarnasse, met cette ville à rançon, entoure Cos d'une muraille et rentre, vers la fin de l'automne, à Samos chargé de butin. Sont-ce là les procédés par lesquels ce chef d'une guérilla que nul contrôle ne gêne se flatte d'attirer aux Athéniens l'amitié de Tissapherne et le concours de la flotte de Tyr? Si Alcibiade a pu concevoir un semblable espoir, Tissapherne lui-même se charge de le détromper. L'astucieux satrape prend la route d'Éphèse; il a résolu d'aller, s'il le faut, jusqu'à l'Hellespont. Pharnabaze ne lui ravira pas sans enchère l'alliance des Péloponésiens.

L'hiver touche à sa fin ; de tous côtés on se prépare à la lutte. Vaincus à Cynosséma, les Lacédémoniens ont tiré leurs trières à sec sur la côte de la Troade, non loin des lieux où s'élevait Ilion. Ils ont appelé des vaisseaux de Rhodes, ils en ont appelé de l'Eubée; les Athéniens font partir du Pirée, sous les ordres de Timocharès, une nouvelle escadre; Pharnabaze lui-même achemine tout un corps de troupes au rivage et se réserve de le commander en personne. C'est encore l'Hellespont qui sera le théâtre du combat. Si ce ruisseau venait à se dessécher, on y trouverait probablement, à la grande joie des érudits, à la mienne aussi, je l'avoue, la trière antique. On a tant coulé de ces bâtiments dans la vallée sous-marine qui sépare l'Europe de l'Asie ! De l'embouchure du Scamandre et du port de Sestos deux nouvelles flottes acharnées, l'une à consolider sa victoire, l'autre à réparer sa défaite, se sont élancées au premier souffle du printemps. Soyons justes envers les pilotes athéniens : c'est à eux, plus encore peut-être qu'à Thrasylle ou à Thrasybule, qu'il eût fallu faire remonter l'honneur d'avoir ramené la fortune sous les proues dorées de la république. Dans cette seconde rencontre, leur habileté ne se dément pas. Avec quelle adresse ils s'assurent l'avantage du courant pour se laisser tomber sur l'ennemi en rentrant leurs rames et en brisant les siennes ! Comme ils savent bien refuser leur flanc menacé et présenter brusquement leur avant à l'attaque! Les Péloponésiens ne les prendront pas aisément en défaut. J'attribuais la force de la flotte athénienne à ses chiourmes ; que dirai-je donc de ses incomparables pilotes? Aussi est-ce à la vie des pilotes, bien plus qu'à celle des hoplites ou des épibates, qu'en veulent les archers du Péloponèse ;

de loin ils les accablent de flèches, de près les hoplites eux-mêmes ne dirigent que sur ces vaillants timoniers leurs javelots. Couvrez-les de vos boucliers, soldats athéniens! Laissez-vous percer de mille traits plutôt que de souffrir qu'un seul coup les atteigne! Ont-ils seulement une cuirasse, un de ces casques à la triple aigrette qui protégent le front de vos généraux? Je crains que vous ne les ayez envoyés désarmés au combat, eux qui tiennent votre existence et celle de la trière dans leurs mains. Nous autres modernes, nous les aurions blindés! Mais voici maintenant qu'on se joint corps à corps. Les piques et les épées ont été de tout temps des armes doriennes; faut-il donc s'étonner si la fortune d'Athènes en ce moment chancelle? Tenez bon, soldats de Doriée, ne reculez pas encore, vaillants équipages de Thrasylle! Le destin n'a pas dit son dernier mot. Qu'aperçoit-on au loin, là-bas, vers le promontoire Sigée, du côté de l'entrée du détroit? Ces points noirs qui grossissent, ne vous y trompez pas, ce ne sont point des barques de pêcheurs, ce sont des vaisseaux. Déjà on en peut compter dix-huit. Les deux flottes s'arrêtent, suspendues entre l'espoir et la crainte. Bon courage, Mindaros! N'as-tu pas demandé les vaisseaux de l'Eubée? Ces vaisseaux, hélas! ne reviendront jamais se ranger sous la bannière du navarque de Sparte; une tempête les a tous engloutis à la hauteur du mont Athos. Mindaros multiplie les signaux de reconnaissance; le seul signal qui réponde aux siens, c'est un pavillon de pourpre arboré au grand mât d'une des trières qui rallient. Ce pavillon ne vous dit rien, généraux et triérarques du Péloponèse; les stratéges athéniens savent quel secours leur est ainsi annoncé. C'est Alcibiade qui arrive; c'est l'heureux favori de la jeunesse d'Athènes et du sort qui apporte à toutes rames la victoire. Il était temps. Depuis le matin on combat, et le soleil est bien près de toucher l'horizon.

Les Péloponésiens s'enfuient vers Abydos; les Athéniens se jugent de force à les y poursuivre. Il faut en finir avec la marine du Péloponèse. Cette marine aurait peut-être vu, en effet, son dernier jour, si Pharnabaze était aussi indolent ou aussi perfide que Tissapherne; mais Pharnabaze s'est précipité au secours de ses alliés. Il pousse son cheval dans la mer, aussi loin que le sable le peut porter : cavaliers, fantassins, excités par sa voix, animés par son exemple, se pressent autour de lui. Pharnabaze, dressé sur sa selle, le bras droit rejeté en arrière, cherche des yeux l'ennemi sur lequel il va darder sa javeline. Pendant ce temps, le fier coursier qu'il monte reçoit sans broncher le choc de la vague qui vient battre son poitrail. Brave cheval ou plutôt brave satrape! Que Louis XIV n'a-t-il eu un pareil gouverneur à la Hougue! Les embarcations anglaises n'y auraient pas brûlé nos vaisseaux. Les Péloponésiens ont repris courage; ils se rangent en bataille et combattent, fortement appuyés à la terre. La tempête, à son tour, prend parti pour eux; le vent du nord s'élève. Il y aurait pour les Athéniens danger à insister; la flotte athénienne va reprendre son mouillage sur la côte d'Europe, emmenant pour trophée trente vaisseaux vides. Athènes avait déjà la journée de Cynosséma, l'année 410 donne une sœur à cette glorieuse journée, Abydos et Cynosséma se complètent.

Deux victoires successives venaient de confirmer l'ascendant des Athéniens; elles ne les avaient pas enrichis. L'or perse pouvait encore rétablir la balance, la faire même pencher en faveur des Péloponésiens. Thrasylle, un des stratéges, part à l'instant pour Athènes; il va y chercher des hommes, des vaisseaux, de l'argent, — de l'argent? s'il en reste encore dans le trésor jadis si bien rempli de l'Acropole. « C'est Plutus », ne l'oublions pas, « qui équipe les trières. » Les rameurs athéniens attendront-ils avec patience le retour de Thrasylle? Il y a bien longtemps qu'ils n'ont vu le payement régulier de la solde; si l'on veut prévenir les désertions, il est sage d'aviser. Les généraux se concertent : quarante vaisseaux suffiront bien pour garder l'Hellespont ; les autres peuvent, sans danger, être employés à écumer les îles. Ce ne sera pas la première fois qu'Athènes aura battu monnaie par la perception de contributions forcées. Puis enfin reste la grande ressource, la ressource dont on s'est tant promis, dont on attend tout encore. Cette ressource, c'est l'influence d'Alcibiade. Si Alcibiade possède réellement le crédit dont il s'est targué, l'heure est venue; qu'il le montre! Tissapherne est en ce moment à Éphèse; Alcibiade se fait conduire par une trière à l'embouchure du Caystre; il est trop prudent pour compromettre dans cette aventure la petite escadre dont il dispose en maître; c'est déjà bien assez d'y hasarder sa personne. Les mains teintes du sang des soldats de Pharnabaze, le fils de Clinias ose se présenter à Tissapherne. Le satrape fait sur-le-champ arrêter son ami. Entre Athènes et Lacédémone le roi de Perse a cessé d'hésiter; ordre est donné à tous les gouverneurs de province de se déclarer contre les Athéniens. Alcibiade arrêté, on le conduit à Sardes. Est-ce bien là une arrestation sérieuse? Quelque complicité secrète n'unit-elle pas encore le vice-roi de l'Ionie et le séduisant conseiller qui a si longtemps possédé sa confiance?

Les fers, en tout cas, sont bien mal rivés, car, trente jours après son départ d'Éphèse, Alcibiade arrive de nuit à Clazomène. Il s'est procuré des chevaux et a trompé, dit-il, la surveillance de ses gardes. Dans quelques jours il aura rejoint la flotte, mais, triste aveu de son impuissance, — il la rejoindra sans argent.

Est-ce toujours à Sestos que réside le gros de cette flotte ? Non ! c'est de l'autre côté de la Chersonèse que la trouvera le captif de Sardes. Mindaros, au moment où Thrasylle partait pour Athènes, Alcibiade pour Éphèse, d'autres détachements pour les îles, avait encore sous ses ordres soixante vaisseaux. Le navarque de Sparte s'indigne de se voir ainsi gardé à vue par quarante trières athéniennes ; il quitte brusquement le mouillage d'Abydos. A peine sa flotte commence-t-elle à se détacher du rivage que les Athéniens, avec l'activité vigilante dont ils ont repris l'habitude, appareillent à leur tour, sortent de l'Hellespont, contournent l'extrémité de la péninsule et vont chercher sur la côte de Thrace un nouveau point de concentration moins exposé aux surprises. Ils le trouvent à Cardia, au fond de ce golfe qui a échangé de nos jours le nom de Mélas pour celui de Saros. C'est là qu'Alcibiade vient de Clazomène reprendre, avec cinq trières, le commandement qu'il n'a jusqu'à présent exercé que de nom. Son audace a grandi, si sa suffisance est tombée. Le véritable Alcibiade, celui qui peut encore mériter l'indulgence de l'histoire, va enfin apparaître. Il lui serait difficile d'entretenir plus longtemps cette fable sur laquelle il a jusqu'ici vécu. Échappé des prisons de Tissapherne, comment viendrait-il promettre aux Athéniens les subsides de son geôlier? Le fils de Clinias n'essaye plus de dissimuler aux soldats qui l'ont choisi pour chef la triste vérité. On croirait entendre Bonaparte s'adressant à l'armée des Alpes. « Je n'entrevois pas de terme à notre détresse, dit Alcibiade aux équipages dont son retour a trompé l'espoir, et pendant ce temps l'ennemi vit dans l'abondance, grâce aux intarissables libéralités du roi. La guerre seule peut nous procurer ce qui nous manque. Préparons-nous donc à la poursuivre avec vigueur ! » Cette mâle assurance électrise les troupes. Sur ces entrefaites, Théramène rallie avec vingt vaisseaux venant de Macédoine, Thrasybule en amène vingt autres de Thasos; la flotte athénienne compte de nouveau quatre-vingt-six trières.

C'est fort bien, mais croit-on que Mindaros, voyant l'Hellespont évacué, sera demeuré inactif à son éternel mouillage d'Abydos? Mindaros est à cette heure sous les murs de Cyzique; il n'y est pas seul, Pharnabaze l'a suivi. Pharnabaze, c'est un autre Mardonius; les Péloponésiens ont trouvé en lui un allié tout à fait digne de seconder leur courage. La garnison athénienne de Cyzique se voit bientôt investie par les troupes du satrape, menacée du côté de la mer par les soixante vaisseaux de Mindaros. Ces soixante vaisseaux se sont déployés en cercle autour des remparts. Une pluie battante, la pluie de Symé, fait clapoter la mer et charge de sa brume épaisse l'horizon. Quel est donc ce long ruban noir qui se déroule, pareil aux anneaux d'un serpent, le long du rivage? Courbez-vous sur vos avirons, rameurs de Corinthe et de Syracuse, voguez à toutes rames vers la terre, si vous ne voulez pas être coupés! Ce n'est pas un détachement ennemi qui arrive, c'est une flotte! Comment une flotte peut-elle ainsi apparaître, sans avoir été signalée ni à Pharnabaze, ni à Mindaros, par les nombreuses vigies échelonnées, comme autant de sémaphores, sur les bords de la Propontide? Alcibiade a mené les choses rondement. Ses vaisseaux une fois concentrés à Sestos, il leur a donné l'ordre d'abattre leurs mâts pour le suivre. C'est à l'aviron qu'il atteint la côte asiatique au-dessus de Lampsaque, à Parium. Voilà des rameurs auxquels on ne reprochera pas « de n'avoir jamais gagné d'ampoules au service de leur pays ». L'habile et actif stratége quitte Parium la nuit; dès le lendemain, à l'heure où ses équipages doivent prendre leur premier repas, il aborde à Proconèse. On sait que cette île, dont la superficie égale à peu près celle de Ténédos, a changé de nom; nous l'appelons aujourd'hui, comme la mer intérieure dont elle occupe l'entrée, Marmara. La présence de Mindaros à Cyzique est confirmée aux stratéges athéniens par les habitants de Proconèse. Il reste à la flotte une trentaine de milles à franchir pour doubler la presqu'île des Dolions et atteindre le fond du golfe. Le temps incertain eût probablement arrêté un autre général; Alcibiade ne voit dans cette circonstance qu'une faveur du sort; ce ciel couvert et bas lui permettra de dérober sa marche à l'attention des vedettes ennemies. C'est ainsi que la flotte d'Athènes est tombée à l'improviste au milieu des vaisseaux de Mindaros.

Les Péloponésiens surpris se débandent et fuient vers la côte. Là, Mindaros parvient à les rallier. Il les fait mouiller, la proue en avant, une amarre à terre, offrant un front gardé sur ses deux flancs aux vaisseaux athéniens. Pharnabaze désormais se charge de les défendre. Alcibiade juge du premier coup d'œil qu'un assaut ordinaire ne le conduirait à rien. Il prend vingt de ses vaisseaux, les meilleurs, choisit un point de la côte assez éloigné pour qu'on ait négligé de le garnir de troupes, et y débarque tout un corps d'hoplites. Ce mouvement tournant n'a pas échappé à Mindaros. L'amiral de Sparte laisse la défense des trières aux épibates, aux rameurs, et se précipite, à la tête des soldats pesamment armés, sur la plage. Les trières mouillées sont bien encore l'enjeu; le combat n'est plus un combat naval. Mindaros d'un côté avec l'infanterie de Cléarque, Thrasybule de l'autre avec les soldats qu'il a pris à bord des vaisseaux laissés par Alcibiade devant Cyzique, se rencontrent et se mêlent sur le sol de l'Asie; l'infanterie de Charès, conduite par Théramène, s'attaque principalement aux troupes du satrape. Quelle que soit l'ardeur de ces troupes auxiliaires, elles ne sont pas de taille à se mesurer avec des hoplites; c'est là le côté faible de la ligne ennemie. Les soldats de Pharnabaze commencent à plier, et leur retraite découvre le flanc gauche de Mindaros. Alcibiade n'avait pas encore donné; il saisit l'occasion aux cheveux, accourt avec la troupe d'élite dont il s'est réservé la conduite, communique sa bouillante ardeur à ses soldats, presse son adversaire et pénètre jusqu'au cœur des phalanges ennemies. Là il se trouve brusquement arrêté. Mindaros a réuni autour de sa personne tout ce qui se refuse à fuir, tout ce qui prétend vendre chèrement sa vie et disputer la victoire par un dernier effort.

Nous tenons de nos jours en profond mépris les armes des sauvages. Les sauvages, en effet, n'ont point de ces traits acérés qui perçaient les cuirasses et les boucliers des hoplites; l'usage de l'airain et du fer leur est inconnu. Leur façon de combattre n'en peut pas moins jeter quelque jour sur les mêlées qui décidèrent, au temps des Achille et des Hector, des Mindaros et des Alcibiade, le triomphe de la cause que les dieux favorisaient. Voyez les Néo-Calédoniens : de loin, ils emploient la fronde et la flèche ; de près, ils lancent la javeline; quand ils se sont joints, ils recourent à la massue et à la hache de pierre. On raconte que, près de Nouméa, deux forçats vigoureux s'étaient évadés; une prime est promise aux indigènes qui les ramèneront. Les forçats sont rencontrés, dans le bois qui leur sert de refuge, par des enfants; les enfants leur font signe de se coucher à plat ventre. Des hommes habitués à braver le baudrier et le tricorne des gendarmes ne pouvaient que rire de cette injonction. Les jeunes Kanaks insistent, se retirent à distance et, du haut des rochers, font pleuvoir sur les réfractaires une grêle de ces cailloux oblongs qu'ils savent si bien faire tourbillonner dans leurs frondes. Les coups ne s'égarent pas; la plupart atteignent les forçats à la tête, leur cassent des dents, leur meurtrissent la face. Les Européens sont vaincus et doivent s'exécuter. Ils se couchent à terre et sont liés sur-le-champ par les enfants qui les ont réduits. Tous ces détails me sont attestés par le témoin le plus digne de foi que je puisse désirer. Comprend-on maintenant le rôle des frondeurs ibères et des lithoboles de l'Acarnanie? Pesez ensuite dans vos mains la hache de jade du grand chef, voyez comme ce large disque a été solidement ajusté à son manche de bois par les tours multipliés de la corde tissée en poil de chauve-souris, songez avec quelle vigueur il a dû s'abattre sur les crânes que la lutte corps à corps l'appelait à pourfendre; vous ne vous étonnerez plus des traces de sang qu'a gardées la pierre. Les sauvages ne sont pas désarmés; les Grecs l'étaient bien moins encore, et leurs champs de bataille ont probablement connu de plus vastes hécatombes que les nôtres. S'ils n'eussent eu l'habitude de livrer leurs morts au bûcher, les monticules que nous remarquons aux plaines de la Troade et que nous avons retrouvés sur les falaises de Baltchik ne seraient pas semblables aux cairns écossais; ce seraient des montagnes.

Pourquoi le combat cesserait-il tant qu'il reste un homme debout, lorsque les combattants sont également acharnés, également endurcis par les jeux du gymnase à la douleur physique? Fort heureusement pour les Athéniens, Théramène ne s'est pas obstiné à poursuivre les troupes de Pharnabaze; il les laisse tranquillement opérer leur retraite et se retourne contre les soldats du Péloponèse. C'en est trop; les Péloponésiens eux-mêmes commencent à lâcher pied; Mindaros, presque seul, fait tête à l'orage. Percé de coups, il tombe enfin, la face tournée vers cette flotte qu'il a cru sauver et que sa mort va laisser sans défense. Soixante vaisseaux se trouvent à la merci des escadres athéniennes. Les Syracusains mettent, de leurs propres mains, le feu à ceux qu'ils montaient; Alcibiade fait jeter les grappins sur les autres et les entraîne triomphant jusqu'à Proconèse.

CHAPITRE VI.

LE RAPPEL D'ALCIBIADE.

Les Péloponésiens demeuraient abattus sous ce grand revers ; c'est Pharnabaze, c'est un Perse qui vient relever leur courage. « D'où vient cette consternation? dit le fier satrape à ses alliés. Faut-il désespérer pour quelques planches perdues? Des planches! il n'en manque pas dans les États du roi! » Pharnabaze a déjà donné ses ordres, expédié vers le golfe d'Adramyti ses émissaires ; le bruit de la cognée retentit bientôt sur les pentes de l'Ida ; une nouvelle flotte, avant que l'été s'achève, descendra, soyez-en certains, des chantiers d'Antandros. Est-ce assez pour réparer le dommage essuyé, pour effacer la trace de trois combats perdus : Cynosséma, Abydos et Cyzique? Suffit-il même de délivrer à chacun de ces soldats meurtris, de ces soldats délabrés par la défaite un habillement complet, de leur distribuer d'avance deux mois de solde? Tout cela suffirait peut-être si un grave événement ne venait porter la perturbation au sein de l'escadre de Syracuse. Les Carthaginois ont envahi la Sicile. Cette malheureuse île a eu de tout temps à redouter les incursions des Sarrasins. Sélinonte et Himère sont tombées au pouvoir d'Annibal, non du grand Annibal qui fut le fils d'Amilcar, mais d'un autre Annibal, qui n'est que le fils de Giscon. Préoccupée de sa propre sûreté, Syracuse ne va-t-elle pas rappeler ses matelots? Pour le moment, Syracuse se borne à leur assigner de nouveaux chefs. Toute émotion populaire est sujette à troubler la balance des partis et à réagir sur le commandement des armées. Les stratéges syracusains avaient vaillamment fait leur devoir; l'annonce de leur rappel révolte à juste titre les troupes. L'opinion des rameurs importe peu; celle des triérarques, des épibates, des pilotes a le droit de compter davantage, et ce sont précisément les triérarques, les épibates, les pilotes qui protestent avec le plus d'énergie. Au nombre des stratéges sommés de se démettre se trouvait alors l'illustre citoyen qui avait sauvé la Sicile : Hermocrate. Si Hermocrate en eût un seul instant accueilli la pensée, le décret, surpris au caprice populaire par l'influence d'une faction hostile, fût resté sans effet. L'ancien compagnon de Gylippe, l'auxiliaire dévoué de Mindaros, est, au contraire, résolu à respecter jusque dans ses erreurs la volonté de la patrie. Il parle, et à sa voix tout s'apaise. Les nouveaux stratéges peuvent venir; Hermocrate leur laissera une armée docile. Tout favorisait donc Sparte et l'excitait à préparer les moyens de prendre sa revanche; mais ce qui valut mieux pour rétablir la fortune de ses armes que l'amitié dévouée de Pharnabaze, que le concours désormais confirmé des Syracusains, ce fut l'heureux choix que firent les éphores quand ils songèrent à donner un successeur à Mindaros.

Dès qu'il eut remis ses pouvoirs au remplaçant que lui envoyait Syracuse, Hermocrate se hâta de faire voile pour la Sicile. Pourquoi ne demeurait-il pas plutôt en Asie? Pharnabaze l'en pressait et lui ménageait sur ce sol hospitalier le plus honorable asile. Mais la Sicile était envahie, et Hermocrate jugeait que sa place, du jour où il cessait d'être à la tête de la flotte, ne pouvait être ailleurs que dans les rangs de ses compatriotes. Se croyait-il donc seulement destitué? Il n'était pas destitué; il était banni : les factions ne procèdent généralement pas par demi-mesures. Hermocrate alla débarquer à Messine. Le flot de l'invasion ne s'était pas encore tout entier retiré; une partie de la côte qui regarde l'Afrique demeurait occupée par les Carthaginois. Le décret qui l'avait frappé interdisait au proscrit l'accès de sa ville natale, de la cité que nous l'avons vu, quatre ans auparavant, arracher par son héroïsme aux mains des Athéniens; les remparts rasés par Annibal, les montagnes où erraient les débris de populations naguère opulentes et heureuses, qui eût osé s'arroger le droit de l'en exclure? L'exilé offrait ses conseils et son bras; il fut accueilli comme un sauveur. La terre de Sicile ne tarda pas à rejeter cette écume que la vague africaine laisse toujours derrière elle; Sélinonte et Himère relevèrent peu à peu leurs murs. L'éclat d'un tel service finit par amollir le cœur des Syracusains. On parla de rappel; on exprima tout bas un secret repentir. Avisé de ce retour de faveur par quelques amis, Hermocrate crut le moment venu de se présenter pour plaider sa cause en personne. Il commit l'imprudence de se présenter avec une faible escorte. Au lieu de juges, il trouva une foule hésitante et la faction contraire en armes, exaspérée, bien résolue à consommer sa perte. Ses partisans voulurent lui porter secours : ils succombèrent, accablés sous le nombre; Hermocrate lui-même fut tué dans ce tumulte. Il périt; le sort lui réservait un vengeur. Denys le Tyran se chargea bientôt d'apprendre aux Syracusains ce que gagne un peuple à faucher tout ce qui s'élève.

Ne nous égarons pas au milieu de ce dédale; les fautes de Syracuse pourraient nous entraîner à oublier les erreurs d'Athènes. La démocratie est la même partout; il était bon pourtant de montrer, à côté du proscrit coupable, le proscrit digne jusqu'à sa dernière heure de respect. L'exemple d'Hermocrate ne rend que plus odieuse la conduite d'Alcibiade. Je voudrais me défendre d'un trop grand penchant à la sévérité vis-à-vis de ce brillant fils de Clinias. Tout n'était pas intrigue chez Alcibiade. Ce ne fut pas l'intrigue qui lui permit de faire vivre sa flotte pendant deux années sans recourir au trésor d'Athènes; de s'emparer, aussitôt après le combat de Cyzique, de Périnthe et de Sélybrie; de fonder à Chrysopolis, sur la rive asiatique du Bosphore, un comptoir destiné à prélever la dîme sur tous les vaisseaux marchands revenant de l'Euxin. On rencontre là les fruits bien légitimes d'une activité sans relâche, d'un zèle de bon aloi. La prise de Byzance enlevée à Cléarque, qui la gouvernait en qualité d'harmoste, au nom de Lacédémone, rentre davantage dans les procédés habituels d'Alcibiade. Ce fut la trahison qui ouvrit aux généraux d'Athènes les portes de cette ville, défendue par une garnison imposante et, depuis un mois, assiégée en vain. Si Alcibiade n'avait jamais eu à se reprocher que d'avoir tenté la conscience des ennemis de son pays, sa propre conscience eût, jusqu'à un certain point, conservé le droit de demeurer légère. Il y a donc dans cette existence agitée une période remplie de services réels, une période qui pourrait, à la rigueur, atténuer et presque effacer le souvenir des autres. Cet intervalle heureux touchait à son terme; Alcibiade allait rencontrer sur son chemin la pierre d'achoppement: Lysandre, — un Alcibiade aussi, mais un Alcibiade trempé dans les eaux de l'Eurotas. — Le sort avait déjà désigné Lysandre pour terminer, à l'avantage de Sparte, la guerre du Péloponèse. Ce fut Lysandre, fils d'Aristocrite, issu d'une maison presque royale, car il appartenait à la race des Héraclides, qui vint prendre, au début de l'année 407 avant Jésus-Christ, la place laissée vacante par la mort de Mindaros. Pendant ce temps, Alcibiade allait, le laurier au front, purger sa contumace au tribunal d'Athènes.

Pour obtenir la réparation tardive que lui devait, au dire de ses amis, un peuple trop longtemps égaré par des imputations calomnieuses, Alcibiade s'y prit autrement qu'Hermocrate. La triste fin du grand citoyen de Syracuse ne nous apprend que trop qu'Alcibiade eut raison. Quelle idée nous ferions-nous donc de la justice du ciel, s'il fallait la juger à l'apparence trompeuse de ses arrêts? Le ciel voudrait-il punir, à l'égal de la perfidie, le manque de prudence politique? Aurait-il résolu de laisser, sans intervenir, s'accomplir les destins de tout homme qui se fie à la foi capricieuse des multitudes? Hermocrate se présente à ses compatriotes « les deux mains ouvertes et le cœur dedans »; il a le droit de leur dire, comme jadis lord Brougham à ses électeurs : « Mes concitoyens, ces mains sont pures »; il reçoit la mort; Alcibiade, entaché de toutes les trahisons, va être porté par l'universel enthousiasme sur le pavois. Mais aussi avec quelle circonspection le criminel absous par la victoire aborde le Pirée! Ce n'est que deux ans après le combat de Cyzique qu'il se décide à faire voile vers Athènes. Ses affidés ont eu tout le temps de lui aplanir les voies. Il ne descend pas immédiatement à terre. Du pont de sa trière il observe la foule qui s'est amassée sur la plage. Tout va bien. Voilà des visages connus, des physionomies sympathiques! Voilà Euryptolème, le fils de Pisianax, un cousin! Autour d'Euryptolème se sont groupés des parents, d'anciens compagnons de plaisir. Alcibiade se rassure; il est désormais certain de ne pas affronter la justice du peuple sans appui. Sept ans après avoir quitté le Pirée sur la galère qui l'emmenait en Sicile, il débarque et se dirige à pied vers le Pnyx. Une troupe dévouée, durant ce long trajet, l'environne. « Athéniens, dit le fils de Clinias aux tribus convoquées d'urgence par les prytanes, je n'ai jamais profané les mystères. Je suis victime d'une inexplicable erreur. » Combien parmi ces juges convaincus et gagnés d'avance se trouvait-il de « justes », de gens non infectés des doctrines nouvelles et ayant conservé le droit de s'écrier avec le poëte : « Je t'ai attaqué en face dans ta puissance, et je ne t'ai pas foulé aux pieds lorsque tu étais par terre »? C'était là l'éducation donnée aux guerriers qui combattirent à Marathon; les sophistes avaient enseigné depuis lors une autre morale. L'assemblée n'eut qu'un cri : « Révoquons l'injuste sentence! Qu'Alcibiade soit nommé commandant absolu de toutes les forces de la république! » Les prytanes trouvèrent à peine le temps de faire lever les mains. En pareille occasion il serait oiseux de vouloir compter les suffrages : *Zitô o vasilevs tis Hellados! viva il re netto!* Voilà le vrai dépouillement du scrutin. Telle est donc, ô dieux immortels, la justice du peuple! Et la vôtre? Nous la ferez-vous enfin connaître?

La justice des dieux, nous ne la connaîtrons qu'en l'année 404. Pharnabaze et Lysandre se chargeront alors de venger l'armée de Sicile.

CHAPITRE VII.

LE COMBAT DE NOTIUM ET LA DISGRACE D'ALCIBIADE.

« Belle et brillante Athènes, au front couronné de violettes », le jour où tu vis repartir Alcibiade avec une armée de quinze cents hoplites, avec cent cinquante chevaux, avec cent trières, tu te promis sans doute de nouveaux triomphes : la république venait de faire un suprême effort et de le faire au moment même où Lacédémone lassée se montrait disposée à demander la paix. Quelle ne fut donc pas ta surprise, quand, au début de l'année suivante, tu appris que ta flotte venait d'être battue! Dans une seule journée, tu avais perdu vingt-deux vaisseaux! L'ami de Tissapherne aurait-il vendu l'armée qu'on lui a confiée? Ce soupçon peu à peu grossit; les détails transmis de Samos le changent en certitude, — la certitude des masses. — On sait si les masses, quand il s'agit de croire quelque fait monstrueux, ont jamais eu l'habitude d'hésiter. Que s'était-il donc passé en Asie? Reprenons les choses au point où nous les avons laissées, c'est-à-dire au moment où Alcibiade, vainqueur dans le Bosphore comme dans la Propontide et dans l'Hellespont, se disposait à faire route pour Athènes.

Le roi des Perses, à chaque nouveau succès d'Alcibiade, n'en a que mieux compris la nécessité de resserrer son alliance avec les Lacédémoniens. La politique oscillante de Tissapherne a décidément le dessous; c'est l'intervention franche et loyale de Pharnabaze qui prévaut. Darius envoie à Sardes le second de ses fils, le plus vaillant : Cyrus. De Sardes le prince se rend à Éphèse. Il y trouve Lysandre récemment arrivé de Lacédémone, Lysandre, déjà renommé pour sa rare valeur et surtout pour sa connaissance exceptionnelle du métier de la mer. Les rivages de l'Asie n'avaient pas eu souvent le spectacle d'une telle activité. Rhodes, Cos, Milet, Chio, ont été mises à contribution, soixante-dix trières sont rassemblées sur la rade d'Éphèse; mais il faut de l'argent pour solder les équipages. « De l'argent! j'en apporte! répond Cyrus. Voici pour commencer un à-compte de cinq cents talents. Cette somme ne suffit-elle pas? J'aurai recours aux fonds que mon père m'a confiés. Si ce n'est point assez, je ferai fondre le trône sur lequel vous me voyez assis. » Tissapherne n'offrait que son *triclinium*. La solde fixée par ce satrape, d'après le conseil d'Alcibiade, était de quarante-cinq centimes; Cyrus la porte de son propre mouvement à soixante. Les Athéniens n'ont qu'à bien garder leurs chiourmes, l'appât d'un pareil salaire amènera plus d'un déserteur à Lysandre. L'accord de Lacédémone et de Sardes est donc plus assuré que jamais. Ce n'est pas un simple satrape qui parle, c'est un prince du sang, un *Caranos*, investi pour tous les *bas pays*, dans toute l'étendue des provinces maritimes, de l'autorité souveraine. Le roi des Perses a pris la flotte du Péloponèse à bail. Aux termes du traité conclu entre Tissapherne et Astyochos, la dépense supportée mensuellement par le roi ne devait pas dépasser trois mille francs par trière; Cyrus en promet quatre mille, et Darius ratifie cette libéralité. Peut-on payer trop cher la satisfaction de voir les Grecs se déchirer entre eux? Tous ces despotes orientaux ont beau être astucieux, je les trouve singulièrement enclins à l'imprudence. Quand on est aussi riche et aussi mal défendu par son organisation militaire, il n'est vraiment pas sage de faire parade de l'or qu'on possède. Ne court-on pas le risque d'allumer la cupidité des pauvretés avides dont on se procure pour un instant le concours? Les malandrins de Sparte ne tarderont pas à sonder les chemins d'Ecbatane; dix-huit siècles plus tard, vous verrez les preux de l'Occident, soumis à des tentations semblables, se ruer sur les routes qui conduisent à Calicut, à Tenochtitlan ou à Quito.

« Chez Alcibiade, dit Plutarque, ce qui choquait le plus, c'étaient l'insolence et le luxe joints à la présomption; dans Lysandre, c'était la dureté du caractère. » Cette rudesse impérieuse ne s'amollissait que devant les princes et devant les satrapes. « La Grèce, ajoute le précepteur de l'empereur Adrien, n'eût pas mieux supporté deux Lysandre que deux Alcibiade. » C'est pour cela peut-être que, ne pouvant opposer à l'Alcibiade d'Athènes un Lacédémonien qui eût autant de souplesse dans l'esprit, autant de charme insinuant dans les manières, il n'était pas sans avantage de le mettre aux prises avec un Lysandre. Ces deux natures félines ne portaient pas le même masque; elles n'en étaient pas moins faites pour se mesurer en champ clos. La grande supériorité de Lysandre sur son adversaire, dans le conflit qui allait s'engager, c'est que la question de solde ne le préoccupait plus; Alcibiade, au contraire, voyait ses opérations entravées par cette difficulté constamment renaissante. Il lui fallait sans cesse songer à battre monnaie avec ses vaisseaux, disséminer sa flotte, se promener d'île en île et laisser souvent, pour courir à la recherche de quelque chétif tribut, ses plus belles victoires inachevées. Lysandre, au moment où Alcibiade quittait le Pirée pour ouvrir la campagne de l'année 407, n'avait plus seulement soixante-dix vaisseaux; il en possédait quatre-vingt-dix. Cette flotte, tirée à terre, se radoubait à loisir sur la plage d'Éphèse; les équipages se reposaient dans leur camp, enveloppé, selon la coutume, de palissades, lorsqu'un incident imprévu vint rompre la trêve qu'imposait encore aux deux partis la saison.

Les Athéniens avaient rétabli leur domination à Byzance; l'Hellespont, d'une extrémité à l'autre et sur ses deux rives, reconnaissait de nouveau leurs lois. Il fallait maintenant s'occuper de raffermir les villes maritimes de l'Ionie et de la Carie dans les sentiments qui les inclinèrent, dès le jour de leur fondation, à chercher contre l'oppression des Perses l'appui des flottes athéniennes. Thrasybule vint de l'Hellespont mouiller devant Phocée; Alcibiade s'établit à Notium, près de Colophon, à portée d'Éphèse. Lysandre, à cette nouvelle, fait descendre ses vaisseaux du rivage. Quel est l'amiral de nos jours qui, se trouvant mouillé à quelques lieues à peine de la flotte ennemie, d'une flotte formidable tout au moins par le nombre, voudrait laisser à un de ses lieutenants le soin de tenir cette flotte en échec, s'en irait procéder au loin à quelque opération de détail, emmenant avec lui les meilleurs de ses vaisseaux, et croirait que, pour n'avoir rien à craindre des suites de son absence, il lui suffira d'enjoindre à qui le remplace « la plus complète immobilité jusqu'à son retour » ? Telle est pourtant l'inqualifiable imprudence que commet Alcibiade. Il part de Notium avec une escadre de choix et s'en va prêter assistance à Thrasybule qui fortifiait Phocée, aux habitants de Clazomène récemment pillés par quelques bannis. Quand il revient de l'entrée du golfe de Smyrne au fond du golfe de Scalanova, sa flotte a subi un échec dont le retentissement se prolonge dans tout l'Archipel et va porter le doute et le soupçon jusqu'au cœur d'Athènes.

Ce fut, paraît-il, à Antiochus, le pilote-major de cette flotte, « bon pilote, dit Plutarque, mais esprit lourd et sans intelligence », qu'Alcibiade, lorsqu'il se porta vers le nord, remit le commandement. Xénophon ne parle pas avec cette sévérité d'Antiochus, et Diodore de Sicile ne nous montre le pilote d'Alcibiade que sous les traits d'un homme entreprenant sans doute, mais digne à tous égards de la confiance qu'il avait inspirée. Je suis loin de croire, pour ma part, que le chef temporaire de la flotte de Notium ait enfreint ses ordres, le jour où, avec deux vaisseaux, il alla reconnaître la flotte de Lysandre. « S'il eût brûlé du désir de faire quelque action d'éclat », comme Diodore l'en accuse, ce n'est pas avec deux vaisseaux qu'il eût pris la mer, c'est avec toute la flotte. Serait-il vrai d'ailleurs que cet Antiochus ait été saisi d'un soudain accès de démence, qu'il soit venu défiler insolemment devant les proues des vaisseaux ennemis, « faisant mille folies, jetant au vent mille insultes ridicules », la responsabilité d'Alcibiade ne s'en trouverait pas pour cela sérieusement atténuée. « Gouverner, c'est choisir », et quand on choisit un fou pour lui confier la garde de ce qu'on devrait surveiller soi-même, on demeure responsable des conséquences. Lysandre a été provoqué : admettons-le, puisque Xénophon lui-même l'atteste. Il ne rompra pas pour si peu sa ligne d'embossage ; il se borne à en détacher quelques navires rapides. Antiochus tourne bride ; les trières du Péloponèse lui appuient vigoureusement la chasse. Du mouillage de Notium on l'aperçoit, fuyant, vivement pressé, en danger d'être pris ; naturellement, on vole à son secours. Lysandre alors s'avance avec toute sa flotte rangée en bataille. Le grand art de Lysandre paraît avoir été, comme celui de

Latouche-Tréville, l'art de tenir ses vaisseaux toujours prêts à entrer en action. Pour en arriver là, il faut supprimer bien des tolérances ; il faut savoir faire succéder au relâchement dont les Athéniens eurent si souvent à souffrir la rude et exigeante discipline des Spartiates. Quand on se résout à donner le premier l'exemple de l'assiduité, il ne reste plus que la moitié du chemin à faire. Déconcertés par la manœuvre imprévue de Lysandre, les Athéniens n'étaient plus maîtres d'éviter le combat. Ils l'engagent avec des forces inférieures, ils l'engagent dispersés et sans ordre. Leur défaite, en quelques instants, est complète. Ils perdent vingt-deux navires, les navires seulement, car les hommes réussirent à gagner la terre à la nage.

Je me figure que Latouche-Tréville, et après lui l'amiral Émériau, ont dû plus d'une fois rêver sur la rade de Toulon, quand Nelson, Collingwood ou lord Exmouth les bloquaient, de ces surprises à la Lysandre. Les Anglais étaient trop vigilants, montaient de trop fins voiliers, pour qu'il fût possible de les prendre à semblables piéges. On ne cite que la frégate *la Proserpine* qui se soit laissé assaillir à l'improviste durant cette interminable croisière. La *Proserpine* fut enlevée de nuit sous le cap Sepet. La lune brillait cependant au ciel dans son plein. Le capitaine Du Bourdieu trouva le léopard anglais doucement bercé par la houle, ne se doutant guère que des frégates françaises osassent, par ce temps de blocus résignés, s'aventurer ainsi hors de la rade. Comme le lion édenté, la pauvre frégate « fit peu de résistance ». On l'amena dans ce port qui depuis longtemps n'avait vu de prises anglaises; elle était si peu maltraitée qu'il suffit d'en changer l'équipage pour lui faire prendre place dans les rangs de notre escadre. Méfiez-vous de l'ennemi qui dort !

J'ai déjà exposé tous les avantages dont dispose une flotte, suffisamment protégée par le mouillage qu'elle occupe, contre les forces navales qui ont reçu la mission de l'observer. L'escadre de blocus n'est pas libre de prodiguer son charbon; il lui faut charger ses foyers, lubrifier ses machines avec la plus stricte économie. S'imaginerait-on par hasard que c'est chose facile de renouveler sa provision de combustible à la mer? Ceux qui l'ont essayé savent ce qu'il en coûte. Dans les conditions présentes de la science navale, il n'y a pour ainsi dire qu'un port qui puisse en bloquer un autre. Kamiesh réussira peut-être à fermer Sébastopol; sans Kamiesh, il faudra des escadres multiples promptes à se relever, il faudra même probablement deux lignes de blocus, la ligne des vaisseaux de haut bord et la ligne des avisos placés en vedettes. N'y eût-il pas de bateaux-torpilles pour troubler la sécurité de nos nuits, que nous goûterions peu la pensée d'attendre au mouillage, d'attendre même sous vapeur, mais à petite distance du port bloqué, une escadre ennemie qui viendrait à nous en pleine pression, ses soupapes soulevées par une force frémissante, ses cylindres béants, tout prêts à engloutir le nuage dont la tension ne demande qu'à se dépenser. Pour qu'une sortie en pareil cas réussisse, elle n'a vraiment besoin que du secret. Voyez, en effet, là situation des deux adversaires. L'un s'avance en branle-bas de combat, sûr de sa vitesse, maître de la porter, en quelques secondes, aux dernières limites; il attaque de jour, il attaque de nuit, à l'aube ou aux lueurs mourantes du crépuscule; il choisit, s'il lui convient mieux, l'heure des repas; l'autre, brusquement tiré de sa léthargie, n'a pour ressource que de courir à ses soutes. Tout est en émoi, la générale bat, les sections de manœuvre abaissent la mâture, les canonniers vont démarrer leurs pièces, et, dans la coursive des chaudières, retentissent, comme un bruit de chaînes, le roulement des chariots et le grincement des ringards. Quand tout cela se passe à la clarté du jour, le tumulte est de peu de conséquence; la nuit, il faut aussi songer à se reconnaître, ne pas s'exposer à tirer sur ses voisins. Les blocus ne sont pas devenus impossibles; ils sont devenus cent fois plus périlleux. Joignez aux difficultés qui résultent de la rapidité avec laquelle l'ennemi peut désormais dévorer l'espace, l'incapacité de la marine nouvelle à tenir la mer en hiver. Une flotte à voiles bloqua les embouchures de la Meuse et de l'Escaut pendant les mois les plus orageux de l'année 1831; nous aurions quelque peine à imiter aujourd'hui ce tour de force. Toute la flotte actuelle est conçue dans la pensée d'une action prompte, d'une intervention brusquement décisive; le terrain sur lequel cette flotte si puissante peut agir est malheureusement des plus limités. Nous en avons fait l'expérience quand nos forces navales étaient confiées aux mains les plus capables assurément d'en faire un emploi utile. Le moyen, je vous prie, d'employer ailleurs qu'en haute mer ces géants qui marchent sur des jambes de neuf et dix mètres de longueur! Le plus sage ne serait-il pas de se dire: Le temps des blocus est passé; celui des opérations combinées des armées de terre et de mer commence? Que ces opérations alors soient menées vivement et coïncident avec le début même de la campagne! Qu'elles se hâtent de rendre les blocus superflus! car il faut bien donner au commerce la sécurité; il faut bien lui garantir que les chemins de la mer vont rester libres. Que dirait un grand État, si, fier de sa marine, convaincu qu'il n'a pas fait en vain de longs et coûteux sacrifices, il voyait tout à coup ses vaisseaux marchands interceptés, ses côtes assaillies, ses ports de commerce insultés par de misérables corsaires? Il se croirait infailliblement trahi par ses ministres et par ses amiraux. Et cependant il n'y aurait là que l'effet tout naturel des embarras causés aux plus grandes marines par la nouvelle constitution de la flotte. Nous aurons plus d'une fois à revenir sur ce sujet; pour le moment, retournons à Antiochus.

Antiochus était mort; il avait péri dans l'engagement que l'histoire lui reproche d'avoir inconsidérément provoqué. Alcibiade eût volontiers laissé à ce mort la responsabilité d'un échec subi en son absence, échec qu'il se flattait d'ailleurs de pouvoir bientôt réparer; le peuple d'Athènes fut d'un autre avis. Sa colère alla droit à celui que, dans son enthousiasme, il avait investi d'une autorité absolue, à celui qui devait s'emparer d'Andros, réduire Chio et soumettre Milet; à celui qui lui promettait, en partant du Pirée, des victoires et qui, pour première nouvelle, lui envoyait le bulletin d'une défaite. Dans la flotte même, qu'il commandait en chef, muni de pouvoirs inusités, Alcibiade ne comptait plus seulement des partisans : il rencontrait des jaloux et des rivaux. Thrasybule se chargea de cultiver le courroux populaire. Suivant lui et suivant ses amis, Alcibiade, « au lieu de livrer le commandement à des hommes qui n'avaient acquis leur crédit près de lui que par leurs débauches et par leurs grossières plaisanteries de matelots, au lieu d'aller s'ébattre dans la société des filles d'Abydos et de donner tous ses soins à la construction des forts qu'il faisait bâtir dans la Chersonèse, pour s'y réfugier, le cas échéant », devait rester à Notium, ou tout au moins à Samos. De là, il eût pu suivre les progrès de ce grand armement par lequel Antiochus, infiniment plus malheureux que coupable, s'était laissé surprendre. Tels étaient les reproches, telles étaient les accusations qui circulaient dans Athènes. La disgrâce d'Alcibiade ne se fit pas attendre. Il n'y a pas « d'étale » dans la marée populaire; le flot y succède au jusant, et le jusant y refoule le flot avec la rapidité de la foudre. Le peuple avait raison quand il se déclarait mécontent de son favori; il eut tort lorsqu'il le remplaça. On ne trouvera jamais un général qui ne commette des fautes; ces fautes, la plupart du temps, seront mieux réparées par celui qui les a commises que par le successeur qu'on songerait à lui donner. Mais pouvait-on avoir confiance dans Alcibiade? Le succès, — un succès constant, — est indispensable pour qui a la trahison à faire oublier.

CHAPITRE VIII.

LA PRISE DE MÉTHYMNE ET LE COMBAT DE MITYLÈNE.

Trop de danger accompagne la délégation absolue du pouvoir : le peuple d'Athènes ne veut plus de généralissime ; il lui faut, comme par le passé, ses dix généraux, ses généraux exerçant tous le commandement au même titre et commandant en chef, ainsi que le fit Miltiade à Marathon, par quartier. Conon, Diomédon, Lysias, Périclès, Érasinidès, Aristocratès, Archestrate, Protomachus, Thrasylle, Aristogène, remplaceront donc le fils de Clinias. Alcibiade est remplacé ; il n'est pas banni : en homme prudent, pour le moment, il se bannit lui-même. Son château de Rodosto, — de Bisanthe, si nous employons le nom antique, — l'attend sur les bords de la Propontide. Il s'y réfugie, ou plutôt s'y retranche, prend à sa solde des troupes étrangères, et va guerroyer, pour son propre compte, contre les Thraces. Singulier citoyen ! Quelle est la république, quelle est la monarchie qui résisterait à de pareils exemples? Athènes était perdue le jour où, dans son sein, l'existence, non pas de deux Alcibiade, mais d'un seul, devenait possible.

L'an 407 avant Jésus-Christ, au moment où cette année, la vingt-cinquième de la guerre, allait finir, Conon, devançant ses neuf collègues, venait à Samos prendre le commandement de l'armée navale. Il trouvait la flotte découragée, réduite à soixante-dix trières, et se bornait à faire quelques descentes sur le territoire ennemi. Presque à la même époque, dès le début de l'année 406, Callicratidas succédait à Lysandre. Le remplacement de Lysandre n'était pas une disgrâce; il résultait de l'application régulière de la loi. Le vainqueur de Notium arrivait, suivant l'expression consacrée par nos règlements, « au terme de son exercice ». Ces dépossessions sont inévitables; elles ont la fatalité du destin, et pourtant nul ne les accepte sans murmure. L'armée que nous quittons nous paraît une armée ingrate, dès qu'elle ne porte pas le deuil de notre départ. Il faut une bien grande âme pour souhaiter un joyeux accueil à son successeur; Lysandre prend sur-le-champ ses mesures pour s'épargner la mélancolie d'un pareil spectacle. Il renvoie à Sardes ce qui lui restait de l'argent avancé par Cyrus. « Que Callicratidas aille lui-même en demander au prince ! » Les délégués des villes ioniennes se lamentent en apprenant la retraite de l'homme qui les a comblés d'honneurs et de richesses, qui leur a laissé espérer l'anéantissement prochain de la démocratie. Lysandre n'a garde de décourager ces adieux éplorés. Ému lui-même, il se montre touché de l'émotion que son remplacement provoque. Pendant ce temps, ses amis s'agitent. Non-seulement ils apportent peu de zèle au service, mais on les entend répéter partout que les Lacédémoniens commettent une grande faute en changeant ainsi, à des époques périodiques et arrêtées d'avance, le commandement. Qu'arrive-t-il ? A l'instant le moins favorable, à l'heure la plus critique, des gens sans talent, des généraux ignorants du métier de la mer, peu familiarisés avec les coutumes du pays allié, viennent se substituer à des chefs investis de la confiance du soldat et de la faveur du roi de Perse. Sparte a le culte de ces pratiques surannées; Dieu veuille qu'elle ne se prépare pas ainsi de grands malheurs !

Toutes ces plaintes finissent par arriver aux oreilles de Callicratidas. Ce jeune général était « le meilleur et le plus juste des hommes », un

Dorien des anciens temps, simple et droit, peu fait pour se mouvoir au milieu de pareilles intrigues. Il passe brutalement la tête à travers la toile d'araignée. « Je n'ai pas sollicité, dit-il, le commandement de la flotte; il m'eût certes été beaucoup plus agréable de demeurer chez moi. Sparte m'a nommé, et j'ai dû exécuter ses ordres. Vous prétendez que je n'entends rien en marine, que Lysandre, au contraire, est un homme de mer consommé. Et quand cela serait! que voudriez-vous en conclure? vous plaît-il que je me démette des fonctions qui m'ont été imposées? dois-je retourner à Sparte et aller annoncer à ceux qui m'ont envoyé l'accueil que me réservaient les amis de Lysandre? » Marchez sur le fantôme, il s'évanouit. Au bout de quelques jours, la soumission est complète. Lysandre le premier en a compris la nécessité; son orgueil indompté n'en rêve pas moins une satisfaction dernière. Il veut qu'on sache bien qu'au moment où il retourne à Sparte, tout ce qu'on pouvait combattre est vaincu, tout ce qu'on pouvait soumettre est conquis. « Je te remets, dit-il à Callicratidas, le commandement de cette flotte que j'ai rendue maîtresse de la mer. C'est à un vainqueur, ne l'oublie pas, que tu succèdes. J'ai acquis devant Notium le droit de prendre le titre de thalassocrate. » Voilà bien du bruit pour vingt-deux vaisseaux coulés! Tromp, en pareil cas, se contentait d'arborer à la tête de son grand mât un balai. « Si tu es réellement le roi de la mer, répond Callicratidas à Lysandre, montre-le en allant défiler devant Samos. Ne me remets pas la flotte à Éphèse; viens me la remettre à Milet. Je te reconnaîtrai alors comme thalassocrate. » La plaisanterie ne paraît pas avoir été du goût de Lysandre. « Ce n'est plus à lui, dit-il, c'est à Callicratidas de défier les Athéniens, puisque c'est Callicratidas qui commande. » Il dit et s'embarque pour le Péloponèse, désolé de quitter sa flotte, mais heureux de laisser du moins le chef qui le remplace dans l'embarras.

Le successeur de Lysandre n'avait plus, en effet, le moyen de solder ses équipages, et, sans solde, les équipages ne pouvaient se nourrir. Callicratidas se décide à prendre le chemin de Sardes. Le rappel de Lysandre avait indisposé Cyrus : allez donc parler de règlements à des gens qui n'ont jamais connu de loi que leur caprice! Callicratidas est mal accueilli; ses propos ne tardent pas à trahir l'humeur qu'il en ressent. « Si jamais, s'écrie-t-il, les dieux permettent que je rentre dans ma patrie, je n'aurai qu'un objet : réconcilier les Grecs de l'Attique et ceux du Péloponèse. Je les préserverai ainsi de l'humiliation d'avoir à mendier les secours des Barbares! » Les Milésiens n'étaient ni des Barbares, ni des Grecs; colons de la Grèce, anciens sujets des Perses, ils éprouvaient surtout la crainte de retomber sous le joug impérieux des Athéniens. C'est à eux que Callicratidas s'adresse pour obtenir l'argent que lui a refusé Cyrus. « Je n'ai pu me résoudre, leur dit-il, à rester plus longtemps à la porte des Barbares. Montrons-leur que nous n'avons pas besoin de nous prosterner devant eux pour tirer vengeance de nos ennemis! » On comprend que Cyrus ait mis peu d'empressement à obliger un allié aussi fier. Quand on veut tendre la main, il faut se résigner à ployer les genoux. Callicratidas était jeune; il avait l'enthousiasme et les nobles passions de son âge; pour aller quêter des subsides, Sparte eût dû faire choix d'un autre général. Les Milésiens sont touchés du mâle langage qui a offensé Cyrus. Ils apportent de l'or, Chio en fournit aussi; Callicratidas se trouve en mesure de distribuer un à-compte de 4 francs 50 centimes à chaque homme. Les beaux jours où Lysandre payait régulièrement solde entière à ses équipages sont passés. Callicratidas a bien envoyé des trières chercher de nouveaux fonds en Laconie, mais on sait que Sparte ne peut guère offrir à ses enfants que sa monnaie de fer, et ce n'est pas avec « des ligatures de sapeks » qu'on pourra désormais satisfaire l'hoplite du Péloponèse et le rameur de Corinthe. Le fifre et le tambour de la 32e demi-brigade appartiennent aux temps héroïques. Quand on contemple, du haut des Alpes, les riches plaines de la Lombardie, on peut faire crédit à la république; quand on revient de ces fertiles et opulentes campagnes, on ne bouche plus les brèches de sa culotte avec des assignats. Heureusement pour Callicratidas il est toujours, aux yeux des cités ioniennes, aux yeux des insulaires qui redoutent les vengeances intestines, le champion armé de l'oligarchie; de toutes parts on est venu à son aide. Conon ne possède que soixante-dix trières, le navarque de Sparte en a rassemblé cent quarante.

L'inaction ne s'expliquerait plus; Callicratidas quitte Éphèse et conduit sa flotte devant Méthymne. Cette ville s'est montrée de tout temps la rivale et l'ennemie invétérée de Mitylène; elle n'a jamais abandonné le parti athénien. Athènes y a mis récemment garnison; cette garnison toutefois est trop faible pour pouvoir défendre bien longtemps les murs sous lesquels Callicratidas est venu dresser ses machines. Il n'y a que la flotte de Conon, mouillée à Samos, qui pourrait essayer de sauver Méthymne. Conon met à la voile; il arrivera trop tard. La flotte athénienne a un long trajet à faire : il lui faut traverser le golfe d'Éphèse, remonter le canal de Chio, doubler la presqu'île de Clazomène, s'engager enfin dans le détroit qui sépare la côte orientale de l'île Lesbos du continent; car si Mitylène occupe au sud l'extrémité de cette côte, Méthymne en garde l'accès au nord-ouest, du côté qui fait face à la mer Égée. Les soldats de Callicratidas ont si vivement pressé la ville assiégée que Méthymne est en leur pouvoir avant que les vaisseaux de Conon soient mis en mesure d'intervenir. Méthymne regorgeait de richesses; Callicratidas la livre au pillage; les esclaves sont vendus sur la place publique. Ces esclaves sont toujours la meilleure partie du butin. Les Turcs, en 1821, mettront à sac, dans les mêmes parages, la ville de Cydonia; ils n'oublieront pas de tirer parti des habitants; les marchés de l'Asie seront soudain inondés de captifs. Callicratidas, lui, ne veut mettre en vente que les Barbares; les citoyens de Méthymne ne seraient certes pas de défaite moins facile, mais ce sont des Grecs, et les Grecs, pour Callicratidas, sont sacrés. « La servitude, dit-il, n'est pas faite pour eux. »

O buon tempo degli cavalieri antichi!
Oh! le beau temps que celui de ces fables!

s'écriait, à la fin du dix-huitième siècle, le sceptique Arouet lui-même. Quand les Juifs se croyaient le peuple de Dieu, quand les Grecs s'imaginaient qu'un sang privilégié coulait dans leurs veines, quand nous nous appelions nous-mêmes « la grande nation », la philosophie y pouvait trouver à redire; le patriotisme n'était pas alors un vain mot. Nos regards incertains se promènent trop aujourd'hui autour de nous. Je ne sais si les Grecs, dans les courses de chars des jeux Olympiques, mettaient des œillères à leurs chevaux ; je n'ai pas remarqué cet appendice du harnais moderne sur les bas-reliefs du Musée assyrien, mais je crois que les chevaux courent mieux et sont moins sujets à se dérober quand on les oblige à ne regarder que la piste. *Én toutô nikè. In hoc signo vinces.*

Callicratidas n'était pas seulement, à mon sens, un vainqueur généreux; il était aussi un politique habile. Le lendemain même du jour où Méthymne s'est rendue, il remet aux habitants le gouvernement de leur ville. C'était leur en confier, par le fait, la défense, et transformer ces vaincus en alliés. Conon apprend la chute de Méthymne au mouillage des Cent-Iles. Tel était le nom que portait, dans l'antiquité, ce groupe des Mosco-Nisi, derrière lequel s'abrita, en 1849, l'escadre de l'amiral Parseval, battue des longues tempêtes d'un rigoureux hiver. Ce mouillage a cessé d'être sûr pour

Conon, depuis que Callicratidas a recouvré la libre disposition de ses forces; Conon se hâte de le quitter. Ce n'est plus d'ailleurs Méthymne, c'est Mitylène qu'il s'agit maintenant de défendre. La flotte athénienne redescend le canal qu'elle a remonté la veille; elle a commencé son mouvement dès le point du jour. Par malheur, ce mouvement n'a pas échappé aux Péloponésiens; Callicratidas poursuit son adversaire avec une flotte de cent soixante-dix navires. Conon reconnaît que la retraite va lui être coupée, son parti est pris à l'instant : il ira au-devant du combat qu'il lui serait difficile d'éviter. Suivons avec attention les manœuvres des deux flottes; des vaisseaux cuirassés, pour se joindre et pour accomplir leurs passes, ne s'y prendraient pas autrement. Le pavillon de pourpre, ce pavillon, emblème du sang qu'on s'apprête à verser; ce pavillon rouge qui, de siècle en siècle, est demeuré le signal du combat, se déploie tout à coup sur la trière que monte le navarque d'Athènes. Conon vient de le faire arborer en tête de mât. Quand les mâts étaient abattus, ou quand il faisait calme, ce n'était plus un pavillon qu'on déployait; au bout d'une pique on élevait en l'air un bouclier. A peine l'étamine a-t-elle livré ses derniers plis à la brise, que toute la flotte athénienne tourne brusquement, tourne à la fois sur elle-même; les troupes entonnent le péan, les trompettes sonnent la charge. Les Péloponésiens n'ont pas eu le temps de se ranger en bataille, leur armée est encore partagée en deux divisions, les meilleurs marcheurs en avant, le gros de la flotte derrière. Tel est l'inconvénient, le danger même, de toute chasse à outrance; il faut rompre sa ligne pour gagner l'ennemi, et l'ennemi aux abois peut se retourner. Conon, avec toutes ses forces, tombe au milieu de vaisseaux épars; il brise les rames des uns, perce le flanc des autres, porte partout l'effroi et, dans cette armée déjà si confuse, augmente la confusion. Les navires surpris, heureusement pour eux, n'ont pas eu la faiblesse de virer de bord : ils reculent, mais la proue en avant; ce sont leurs poupes maintenant qui fendent l'onde. Bientôt leurs rangs se mêlent à ceux des navires arriérés qui accourent; le front de bataille est rétabli. Ainsi furent reçus, au champ de bataille de l'Alma, dans les intervalles de la seconde ligne anglaise, les soldats du général Brown fuyant sous l'impression d'une panique passagère. Conon voit les deux longs bras de cette flotte immense s'étendre autour de lui, déborder ses ailes, se développer en cercle pour enserrer ses soixante-dix trières; il donne le premier l'exemple de la retraite. Habituées à le suivre, promptes à imiter la manœuvre de leur chef, parce que ce chef ne les tient pas constamment en lisière sous ses signaux, les trières athéniennes se dégagent rapidement de l'étreinte qui les presse. Quarante vaisseaux parviennent à gagner, sous les ordres de Conon, le port de Mitylène; l'aile gauche seule, composée de trente trières, trouve l'accès de ce port fermé. Elle incline immédiatement sa route vers le nord et va s'échouer au point de la côte le plus rapproché. Callicratidas s'empare de ces vaisseaux vides. A l'exemple de Lysandre et à meilleur titre, le jeune navarque pourrait se parer du titre de thalassocrate; il se contente de poursuivre son triomphe. Quarante vaisseaux lui ont échappé, il les aura en même temps que Mitylène. Cette malheureuse cité ne compte plus ses siéges; reine de Lesbos, elle a reçu le fatal don d'attirer, par sa beauté suprême, tous les envahisseurs. Thorax, un des lieutenants de Callicratidas, amène de Méthymne, à travers les montagnes, l'infanterie spartiate et les troupes auxiliaires. Callicratidas lui-même met à terre les hoplites embarqués sur la flotte. Qui disait donc que Sparte avait besoin pour vaincre d'attendre le bon plaisir et l'or du roi des Perses? Sparte tient sous sa serre les derniers vaisseaux de son ennemie, et Cyrus ne lui a pas fait l'aumône d'un talent. Du moment qu'il apprend que Callicratidas est en voie de se suffire à lui-même, le prince se ravise; il envoie les subsides qu'on a cessé de lui demander. La fierté de Callicratidas a fini par obtenir autant de succès que les basses flatteries de Lysandre; mais Callicratidas a pris Méthymne et s'apprête à prendre Mitylène. La meilleure de toutes les diplomaties consiste à être fort; cette diplomatie-là procure toujours des alliés.

La situation de Conon laissait à la cause d'Athènes peu d'espoir. Le port de Mitylène n'était pas de facile défense; quarante vaisseaux déployés en ligne n'auraient pas suffi pour en barrer l'entrée beaucoup trop ouverte. Conon, dans les parties où les eaux sont suffisamment basses, fait couler des embarcations remplies de pierres; dans les parties plus profondes de la passe, il assujettit sur des ancres de grands bâtiments de transport. Ces bâtiments ne seront pas seulement un obstacle; leur pont servira de plate-forme aux catapultes. On sait que ces machines, dont l'invention a été faussement attribuée à Denys le Tyran, servaient à lancer, par la brusque détente d'un levier qu'on bandait fortement à l'aide d'un treuil, une pluie de cailloux ou d'énormes fragments de rochers. En arrière de ces batteries flottantes sont rangées les quarante trières, la proue en avant, l'éperon arrêt. Le port a changé d'aspect; il faudra plus d'un rude combat pour forcer cette entrée rétrécie. La nature a d'ailleurs ménagé aux Athéniens un dernier refuge. Mitylène possède, comme Syracuse, son grand et son petit port; seulement, les deux ports de Mitylène se communiquent : la vieille ville est bâtie sur un îlot de peu d'étendue, que sépare de la grande île un étroit canal aujourd'hui comblé. En face de l'îlot, sur la rive lesbienne, s'élève la ville neuve; une enceinte commune embrasse les deux cités traversées par une sorte d'Euripe. A chaque extrémité de ce long boyau s'ouvre un port : à l'extrémité méridionale, le port ou plutôt la rade, que Conon vient de mettre en état de défense; à l'extrémité qui regarde le nord, un bassin mieux fermé, dont il est facile d'interdire l'approche. On n'a pas forcé l'entrée de beaucoup de ports : Duguay-Trouin à Rio-Janeiro, l'amiral Roussin dans le Tage, Ferragut à Mobile, ont montré cependant que de pareilles opérations ne sont point impossibles; mais ni à Rio-Janeiro, ni dans le Tage, ni à l'ouvert de la baie de Mobile, on ne fut obligé de s'arrêter sous le canon. Lorsqu'on trouve le chemin barré par des estacades ou par des lignes de vaisseaux embossés, il faut courir les risques de Nelson attaquant Copenhague, à moins qu'on ne préfère imiter la très-légitime circonspection de ces deux grandes nations maritimes qui laissèrent, pendant plus d'une année, leurs vaisseaux immobiles devant les batteries de la Quarantaine et devant le fort Constantin.

Callicratidas n'était pas un marin : pour triompher d'un obstacle, il est quelquefois avantageux d'en mal apprécier la puissance. Callicratidas avait pris Méthymne; il se croyait de force à prendre Mitylène; la vue de toutes les défenses accumulées à la bouche du grand port ne l'intimide pas. Il se place lui-même à la tête de ses vaisseaux, s'ouvre par l'impétuosité de son premier élan un passage à travers la ligne des vaisseaux de charge et se rue sur les proues de la seconde ligne, composée tout entière de navires de combat. La mêlée fut terrible; une grêle de pierres tombait du haut des vergues, jaillissait des plates-formes; Callicratidas fait sonner la retraite : ses troupes épuisées ont besoin de reprendre haleine. Quelques instants après, il revient à la charge, lutte durant plusieurs heures et parvient enfin à refouler les Athéniens jusque dans l'arrière-port. L'investissement de Mitylène est désormais assuré; Callicratidas a établi sa flotte dans le bassin du sud, dans ce bassin d'où Conon s'est vainement efforcé de l'exclure. Je ne veux pas prendre parti contre les Athéniens : ce sont eux qui défendent, à cette heure, la cause de la Grèce; la victoire des Péloponésiens court, au contraire, le risque de tourner au profit de l'Asie.

Je n'en éprouve pas moins une secrète sympathie pour cet honnête et vaillant hoplite dont la mâle droiture a si bien déjoué les intrigues de Lysandre. Puissent les dieux lui demeurer jusqu'au bout favorables !

CHAPITRE IX.

LA BATAILLE DES ARGINUSES.

Assiégé par terre et par mer, n'ayant aucun moyen de se procurer des vivres, Conon devait tôt ou tard succomber. La prise de Mitylène n'était plus qu'une affaire de temps, à moins que Mitylène ne fût secourue. Comment demander ces secours? Comment instruire Athènes du danger imminent que court sa flotte? Comment lui faire savoir que, si elle n'avise et n'avise promptement, la guerre peut se trouver terminée, à l'avantage imprévu de Sparte, d'un seul coup? Placés dans une situation aussi délicate et aussi périlleuse, bien peu d'amiraux, — je parle des plus habiles qu'on ait vus de nos jours, — auraient surpassé en industrieuse habileté le vieux Conon. On remplirait un volume des stratagèmes de guerre des anciens; toutes les ruses des modernes tiendraient dans quelques pages. Réfugié dans le port du nord, Conon avait tiré sa flotte à terre. Il fait choix de ses deux meilleurs vaisseaux et les lance, de nuit, silencieusement, avec les plus mystérieuses précautions, à la mer. Ces vaisseaux non-seulement demeurent collés au rivage, on prend soin de les dérober à la vue de l'ennemi en tendant devant eux des rideaux. Chaque jour ils reçoivent, avant le lever de l'aube, leurs équipages au grand complet; aucun homme n'est autorisé à paraître sur le pont; les épibates eux-mêmes se tiennent, avec les rameurs, à fond de cale. La nuit venue, chacun redescend à terre; les premières lueurs du matin blanchissent à peine l'horizon, que chacun retourne prendre son poste à bord. Quatre jours se passent ainsi; Conon épie le moment favorable. Le cinquième jour, une chaleur accablante règne dans la baie; l'ennemi s'est relâché de sa surveillance, les rondes sont mal faites, les vedettes se sont endormies. Conon donne le signal : les rideaux s'abattent, les deux trières s'élancent. L'une se dirige au large, l'autre vogue droit au nord et prend, le long de terre, la route de l'Hellespont. Quel tumulte dans le camp du Péloponèse! On ne s'y attendait à rien de semblable. Les messagers se croisent, les aides de camp vont porter de côté et d'autre des ordres improvisés, ordres qui trop souvent se nuisent et se contrarient. D'eux-mêmes, les soldats ont couru aux armes; mais ce n'est pas en s'agitant ainsi sur le rivage qu'on réparera la négligence commise : « Montez sur les trières, les premières venues! Ne cherchez pas votre vaisseau! Tout vaisseau dont les bancs sont garnis peut partir; il n'y a pas un instant à perdre. Voyez l'énorme avance qu'ont déjà les fuyards! Démarrez donc! Que faites-vous? Est-ce qu'on a le temps de lever les ancres? Coupez, coupez les câbles! Êtes-vous prêts, enfin? *Sentabas, mariniers! Et vogue tout d'un temps!* »

Nous parlons ici une langue morte, la langue des galères; nos officiers peut-être ne nous comprendront pas; Thucydide et Xénophon savent aussi bien que Barras de La Penne et M. de Vivonne ce que nous voulons dire. La chasse a commencé : « *Passe vogue*, mes enfants! *Hippapé*, mes braves coursiers de Sicile! La galère athénienne ne nous échappera pas. » La galère? Il y en a deux. Six heures durant, on poursuivit celle qui s'efforçait de gagner la haute mer; le soleil se couchait quand on l'atteignit. Les chasseurs la ramenèrent à Callicratidas avec son équipage. La trière qui filait le long de la côte fut sauvée par l'obscurité de la nuit. Dès que les ténèbres vinrent couvrir ses mouvements, elle changea de route, déploya sa voile et, poussée par le vent du nord, arriva en moins de trois jours au Pirée. « Mitylène est investie, les débris de la flotte sont bloqués; envoyez de prompts secours, ou bientôt Athènes n'aura plus de marine. » Tel est le message qui répand en quelques minutes la consternation dans la ville. C'était un brave peuple que ce peuple athénien, bien qu'il fût trop souvent un peuple insensé. Sur-le-champ il décrète l'armement de cent dix vaisseaux. On manque de rameurs? Enrôlez tout sans distinction, les esclaves et les hommes libres! Et vous, honnêtes métèques, qui avez toujours fidèlement servi Athènes, on vous confère, pour encourager votre zèle, les droits de citoyen! En trente jours, la nouvelle flotte est prête à prendre la mer. Elle porte des hoplites, elle porte aussi une nombreuse cavalerie, car ce n'est pas seulement sur mer qu'on est résolu à combattre. Vers quel point se dirigera-t-on? Vers Samos avant tout. Samos est une autre Athènes; on y est toujours disposé à prendre les armes pour les intérêts de la démocratie menacée. Les Samiens fournissent à la flotte du Pirée un contingent d'hoplites, un renfort de rameurs. Quand ils ont complété les équipages des trières d'Athènes, il leur reste encore le moyen d'équiper, pour leur propre compte, dix vaisseaux. Si les autres îles montrent moins de ferveur, on aura recours à cette pression morale dont Athènes a su plus d'une fois faire un utile usage. La levée en masse! Voilà ce qu'il faut pour grossir, en cette heure de crise, la flotte de la république. Tous les détachements épars se concentrent; les généraux d'Athènes partiront de Samos à la tête de cent cinquante vaisseaux. Avec quelle rapidité merveilleuse les échecs se réparent et les vides se comblent dans ces flottes de l'antiquité! S'il avait fallu aux anciens, comme à nous, quatre années pour entrer en jouissance du vaisseau neuf mis sur les chantiers, on n'aurait pas vu l'équilibre des forces se rétablir ainsi tant de fois et de la façon la plus inattendue.

Voilà donc de nouveau la mer en balance; elle ne sait plus qui sera dans quelques jours son maître. D'un côté se présente Callicratidas avec ses cent soixante-dix trières; de l'autre, les généraux d'Athènes prêts à tendre la main à Conon. Les Athéniens ont trente-huit vaisseaux dans le port intérieur de Mitylène, cent cinquante rassemblés sur la rade de Samos. Le difficile sera d'opérer la jonction; Callicratidas ne compte pas rester, pendant ce temps, à sommeiller sur ses ancres. Il laisse cinquante navires devant Mitylène; c'est assez pour bloquer les trente-huit vaisseaux de Conon. Avec les cent vingt autres, il se porte à l'extrémité méridionale de Lesbos. Là, Callicratidas s'arrête : le moment est venu de faire souper à terre les équipages. Au même instant, par une singulière coïncidence, les Athéniens partis de Samos soupaient sur les îles Arginuses.

Lorsqu'au mois d'avril 1854, l'amiral Bruat portait dans l'Hellespont les premières troupes envoyées au secours de la Turquie, la majeure partie de son escadre se composait encore de navires à voiles, et son pavillon flottait à bord d'un vaisseau mixte. On appelait ainsi le vieux vaisseau de ligne auquel une innovation timide consentait enfin à prêter le secours d'une machine. Le vent du nord contraignit cette escadre, attendue par la Sublime Porte avec une légitime impatience, à venir jeter un pied d'ancre sur la rade de Métélin. Toute la journée nous louvoyâmes entre l'île de Lesbos et le continent de l'Asie. La première bordée nous conduisit sous ces îles, dont le nom, en l'année 406 avant notre ère, allait acquérir la célébrité sanglante dévolue de tout temps aux grands champs de bataille. Je crois voir encore le *Montebello* coucher, au souffle strident de la rafale, son large flanc dans le creux de la vague, écarter devant lui les ondes indignées et passer fièrement à travers les hautes gerbes d'écume que chaque coup de son poitrail faisait jaillir. C'était la marine moderne qui venait troubler dans leur séculaire repos les cadavres des trières enfouies au fond de ces eaux bleues et dormant depuis deux mille deux cent soixante ans sur leur lit d'algues et de vase. Sois moins fier, vieux géant! ne foule pas avec tant de dédain les cendres du passé! Tes jours, à toi aussi, sont comptés; tu ne tarderas pas à disparaître, et tes pareils, crois-le bien, ne laisseront pas dans l'histoire une trace aussi profonde que ces trières, objet de tes mépris. Les trières ont vécu près de trois mille ans, les vaisseaux à voiles n'auront pas vécu deux siècles.

De l'extrémité méridionale de Lesbos aux îles Arginuses on compte onze milles marins, vingt kilomètres environ; même pour des trières, c'est une faible distance. Callicratidas aperçoit, à la nuit tombante, des feux nombreux s'allumer sur la côte qui fait face au cap Malée, pointe méridionale de ce port magnifique que tous les marins connaissent aujourd'hui sous le nom de port Olivier; il ne met pas en doute un instant qu'il n'ait devant lui les Athéniens. Sans attendre le jour, il appareille. Le temps est sombre; Callicratidas se flatte de tomber à l'improviste au milieu des vaisseaux ennemis. Pour un hoplite, ce n'est pas si mal calculer; les dieux, malheureusement, ne jugent pas à propos de seconder ce projet. Un violent orage éclate et retient la flotte du Péloponèse près du bord. Des trières ne s'aventurent pas volontairement au large quand le ciel ouvre ses cataractes, ou quand Jupiter fait gronder sa foudre. Notez que la trière ne représente pas toutes les facultés de navigation de la marine antique; elle est essentiellement un vaisseau de combat, un navire bas de bord, parce qu'un navire à rames doit présenter le moins de surface possible à la brise; un navire chargé d'équipage, de faible tirant d'eau, d'une épaisseur de bordage qui dépasse à peine celle des tôles d'acier de nos bateaux-torpilles. Le bâtiment de charge, lourd et enhuché, est, au contraire, de taille à braver tout ce qu'affronte aujourd'hui la sakolève, s'il n'est pas la sakolève même. Les *bateaux du pays* ont trouvé de bonne heure leur formule, et les siècles ont passé sur eux sans altérer leur coque ou leur voilure. Les marins, avant de devenir des mathématiciens, étaient si routiniers! Je ne blâme donc pas Callicratidas de s'être montré docile à la voix des éléments; ce ne fut de sa part que la marque d'un esprit prudent et judicieux. Son peu d'habitude de la mer eût pu l'incliner à un parti plus violent; il s'en fût sans doute assez mal trouvé.

Le jour se lève; les derniers murmures de la tempête s'apaisent. Callicratidas se dirige sur les Arginuses. Prévoyant qu'il pourra succomber dans l'action, il a déjà désigné Cléarque pour lui succéder. L'affaire va s'engager en effet sous de fâcheux auspices. Les devins consultés ont défendu d'en venir aux mains. Les devins ont-ils donc quelque pressentiment dont il faille tenir compte? Les événements futurs peuvent-ils projeter quelque ombre devant eux? Cette ombre, la distinguent-ils dans le vol des oiseaux ou dans les entrailles des victimes? L'appétit des volailles sacrées fut-il jamais un sérieux pronostic? Qui sait? Les préjugés des nations ne doivent point être sans doute tenus, comme les proverbes, pour un fonds commun de sagesse. On aurait tort cependant de les repousser en bloc; commençons d'abord par les retourner sous toutes leurs faces; nous prononcerons ensuite.

L'Auster est le maître inquiet de l'Adriatique; l'Aquilon a été de tout temps le tyran impérieux de l'archipel grec. Ses premiers coups sont irrésistibles. « Dieu vous préserve, disent encore aujourd'hui les pilotes de Milo, du jeune Nord et du vieux Sud! » Si les devins, le jour où Callicratidas marchait avec tant d'assurance à l'ennemi, avaient trouvé leurs volailles nerveuses, le sang des victimes écumeux; s'ils avaient remarqué l'effarement des goëlands et des mouettes, n'étaient-ils pas jusqu'à un certain point en droit de prévoir une bourrasque? Leur devoir ne consistait-il pas alors à retenir plutôt qu'à exciter les combattants? Callicratidas passa outre. « Ce ne sera point, dit-il, un grand malheur pour Sparte, si je dois succomber dans ce combat; ce serait une honte pour elle si sa flotte paraissait éviter les Athéniens. » Sous un ciel redevenu radieux, les vaisseaux du Péloponèse continuent intrépidement leur route. L'aile droite, c'est Callicratidas en personne qui la commande; l'aile gauche est sous les ordres d'un Thébain, Thrasondas. Ces deux hoplites vont avoir affaire à de vieux marins. Les Athéniens ont dix généraux; pour le jour de l'action, ils n'ont qu'un général en chef. Thrasylle se trouve investi ce jour-là du commandement suprême. Ses dispositions sont loin de manquer d'habileté. Il connaît l'impétuosité et l'inexpérience de son adversaire; tout lui conseille donc de rester sur la défensive, d'épier les fautes de l'ennemi et de se tenir prêt à en profiter. Pour obliger Callicratidas à diviser ses forces, le navarque d'Athènes étend démesurément son front de bataille; il y comprend même les îles Arginuses. Garni de soldats, le rivage de ce groupe tient lieu à Thrasylle d'une troisième escadre. Les Péloponésiens ne sauraient songer sans la plus extrême imprudence à laisser une des ailes athéniennes inoccupée; il leur faut se résigner à livrer deux combats distincts, l'un au nord des Arginuses, l'autre au sud. Leur plus grand désavantage est de ne pouvoir dériver, en cas d'avarie, que vers un rivage fortement occupé par les Athéniens.

Lorsque trois cents trières et soixante mille hommes vont être aux prises, il doit y avoir conseil sur l'Olympe. Mais les dieux en ce jour peuvent-ils se partager? Ne reçoivent-ils pas d'Athènes et de Sparte les mêmes adorations, le même culte? Épargnez vos victimes! La fumée du sacrifice ne montera pas au séjour immortel; les dieux se détourneraient de cet hommage fratricide avec dégoût. Ainsi donc, trente mille Péloponésiens se préparent à livrer bataille à trente mille Athéniens en vue des côtes de l'Asie. Sarpédon et Hector en auront tressailli dans leurs tombes. C'est le plus grand combat dans lequel des Grecs aient été opposés à des Grecs; ce fut aussi le suprême effort tenté par Athènes pour ressaisir l'ascendant qui lui échappait. Thrasylle compte avant tout sur la force de sa position; il attend l'ennemi de pied ferme. Nous allons assister à un immense choc parallèle. Des deux côtés les trompettes ont donné le signal; les soldats y répondent par leur cri de guerre; les rameurs tendent tous à la fois leurs bras nerveux et se courbent, nus jusqu'à la ceinture, sur les rames. En quelques minutes, l'espace qui sépare les deux flottes est dévoré. Ce n'est pas un vulgaire triérarque, c'est un général athénien que Callicratidas cherche dans la longue ligne de vaisseaux déployée devant lui. Ses yeux ont découvert la trière de Lysias; le navarque la désigne du doigt à son pilote. Ainsi Nelson à Trafalgar montrait le *Bucentaure* au capitaine Hardy. Les deux galères se heurtent; la galère athénienne, plus faible d'échantillon, a fléchi : un second coup d'éperon l'entr'ouvre et l'envoie au fond de l'abîme. La mêlée s'établit. La trière victorieuse se débat au milieu des nombreux vaisseaux qui la pressent; elle fracasse les rames, elle écrase les plats-bords, elle troue de tous côtés les carènes. Mais voici un nouveau général qui accourt. Le grand Périclès, Périclès l'Olympien n'avait pas fait souche d'hommes d'État; il fit mieux : il fit souche d'officiers de marine. Un des dix généraux acclamés par la voix populaire portait à jamais ce nom vénéré. Périclès le stratége ne démentira pas le sang illustre d'où il est sorti. C'est lui qui vient à travers le tumulte prendre la revanche de Lysias. Callicratidas a su faire le vide autour de son vaisseau; Périclès peut donc arriver sans peine jusqu'au noble adversaire qui n'a plus devant sa proue que des débris. Le champ est libre; les deux trières se rencontrent de pointe. L'éperon du Spartiate s'enfonce profondément dans la joue de la galère athénienne. « En arrière ! en arrière ! » *Sciez tout d'un temps*, mes braves thranites !

Les zygites et les thalamites ne demandent qu'à vous imiter. Le coup est porté, la plaie est profonde; il faut maintenant dégager son dard. Les rameurs, renversés vers la poupe, s'épuisent en vains efforts; l'éperon reste fixé entre les lèvres de la blessure qu'il a infligée. Périclès donne l'ordre de jeter les grappins; les deux trières désormais n'en font qu'une. Que peut souhaiter de mieux un guerrier de Sparte? Il pourrait souhaiter d'avoir le pied sur la terre ferme, car la houle balance déjà d'une façon gênante ce champ de bataille improvisé.

Les hoplites ont « le pied rond », comme le disait de sa voix de tonnerre l'amiral Duperré aux législateurs ébahis qu'il essayait d'initier à tout un ordre de choses dont les législateurs n'avaient, à cette époque, nulle idée. Callicratidas chancelle, essaye en vain de reprendre son aplomb; un dernier coup de roulis le fait de nouveau trébucher; le navarque de Sparte est tombé à la mer. Il coule à pic, comme coulera un jour l'amiral Howard. De pareils événements étaient très-fréquents dans la marine des galères; pour faciliter ces faux pas, on savonnait les ponts, on les enduisait de matières grasses. Aussi le vieux Canale, le provéditeur de Venise, se présentera-t-il au combat de Lépante chaussé d'espadrilles. Collingwood à Trafalgar mit des escarpins, mais ce ne fut pas pour prévenir une chute. Il pensa que si quelque projectile ou quelque éclat de bois le blessait à la jambe, il serait bon que le chirurgien n'eût pas de bottes à lui ôter. Quand le chef disparaît aussi soudainement, les soldats ont bientôt perdu courage. La capitane de Sparte cède à l'ennemi. Plus de direction; chacun combat maintenant pour son compte. L'aile droite des Péloponésiens fléchit; l'aile gauche, où les Béotiens commandent, se trouble et prend la fuite. Les Athéniens ont cependant perdu vingt-cinq vaisseaux. Si Callicratidas eût vécu, l'issue du combat fût demeurée plus longtemps douteuse; Callicratidas emporte avec lui la fortune de la journée; la déroute de la flotte du Péloponèse est bientôt sans remède. Une partie des vaisseaux va chercher un refuge à Chio; les autres s'arrêtent à Phocée. Les Athéniens ont pris soixante-neuf navires, neuf trières de Lacédémone, soixante trières fournies par les alliés.

Il ne suffit pas de vaincre : l'essentiel est de savoir tirer parti de la victoire. Conon n'était pas encore débloqué; un des lieutenants de Callicratidas, Étéonicus, le gardait à vue avec cinquante trières. Ces cinquante trières sont une belle proie qu'il y aurait regret à laisser échapper. Traversera-t-on sur-le-champ le canal? Après une grande bataille, il ne reste guère au vainqueur que des vaisseaux délabrés. Les généraux athéniens observent avec inquiétude le ciel qui se charge, le flot qui se gonfle; les pressentiments des devins ne les ont pas trompés. On se rappelle involontairement ici le soir de Trafalgar et les dernières paroles de Nelson mourant : « Faites mouiller la flotte! » Les stratéges de la république ont une double tâche à remplir : la plus pressante et la plus sacrée consiste à recueillir les naufragés sur les épaves flottantes, les blessés et les morts à la côte. Ce sera le devoir de Théramène et de Thrasybule. On leur confie, pour qu'ils aillent sans délai s'acquitter d'une mission qui n'admet pas de retard, quarante-sept trières, les moins maltraitées de la flotte. Cela fait, les stratéges rassemblent tout ce qui a des rames, tout ce qui peut naviguer encore. Ils parviennent ainsi à composer une escadre assez forte pour couper la retraite à Étéonicus. D'ailleurs, Conon est là, et l'on a le droit de compter, au moment venu, sur son concours. En route! Il n'est plus temps : la tempête sournoise s'est déclarée tout à coup. Le vent du nord, le vent de l'Hellespont, balaye avec sa furie accoutumée le canal. Regagnez la plage au plus vite, si les îles Arginuses ont une plage! Cherchez du moins quelque anfractuosité sur la côte pour vous y cacher! Le détroit n'est pas tenable; vos voiles seraient dans un instant en lambeaux, et vos rames contre un tel coup de vent sont devenues inutiles. Il faut aller où la tourmente vous mène. Tout le littoral de Cymes, sur le golfe actuel de Sandarli, tout le rivage de Phocée, à l'entrée du golfe de Smyrne, seront le lendemain couverts de cadavres et de débris.

Un bateau péloponésien n'a pas attendu la fin de la bataille pour aller porter à Étéonicus la nouvelle d'un combat dont la mort de Callicratidas faisait suffisamment présager l'issue. Il a pu ainsi aborder au port de Mitylène avant que la tempête éclatât. Étéonicus garde pour lui seul cet avis sinistre. A ses soldats, ce n'est pas un revers, c'est une glorieuse victoire qu'il annonce. « Tous les vaisseaux athéniens ont péri. Qu'on prépare un pieux sacrifice pour remercier les dieux! » Pendant ce temps, ordre est donné aux marchands d'embarquer sans bruit leurs marchandises et de faire voile vers Chio. L'heure du souper arrive; les équipages des trières prennent comme d'habitude leur repas sur la plage. Le souper terminé, ils s'embarquent, et le vent du nord les emporte à leur tour dans la direction du sud. Tout se passe avec calme; aucune agitation bruyante ne vient éveiller l'attention de l'ennemi. Les Lacédémoniens ont mis vingt-six ans à se pénétrer des nécessités de la guerre maritime; ils sont aujourd'hui aussi actifs que des Athéniens et non moins silencieux que des Anglais. Quand la flotte est sauvée, Étéonicus s'occupe d'assurer le salut de l'armée de terre. Il met le feu au camp et emmène à marches forcées ses soldats à Méthymne. La ruse a eu un succès complet. Au point du jour, Conon trouve le rivage évacué, la rade entièrement vide. Il tire ses vaisseaux à la mer et vogue à la rencontre de la flotte, qui venait enfin de quitter le mouillage des Arginuses. S'il fut jamais un thalassocrate, ce fut à coup sûr ce général récemment débloqué. Les Péloponésiens étaient hors d'état d'apporter le moindre obstacle à ses mouvements; il pouvait les aller insulter à Chio, sinon les y détruire. Conon préféra rentrer à Samos. L'hiver commençait, et une journée d'hiver a quelquefois aussi sûrement raison d'une flottille de bâtiments à rames que la plus sanglante des batailles. Les opérations étaient donc forcément suspendues; on les reprendrait au printemps. Ce qui importait, c'était de mettre ces six longs mois de trêve à profit pour rentrer dans l'arène armé de pied en cap.

CHAPITRE X.

JUGEMENT DES STRATÉGES.

Quelle joie, quelle allégresse doivent régner à cette heure dans Athènes! Vainqueur, quand on se croyait perdu ou tout au moins réduit pour longtemps à la défensive! Vainqueur, quand il avait fallu recourir aux dernières ressources! Si jamais généraux ont mérité des couronnes, ce sont assurément les généraux qui viennent de combattre aux Arginuses. Des couronnes, allons donc! ce sont des supplices qu'on leur apprête. Une étrange rumeur s'est répandue dans l'armée de Samos : le peuple n'est pas satisfait. Bientôt on apprend que tous les généraux ont été déposés, à l'exception de Conon, d'Adimante et de Philoclès, les deux lieutenants de Conon. Les huit autres, — Conon le navarque ne comptait pas, et Adimante ou Philoclès avait probablement remplacé Archestrate, — les huit autres sont appelés à comparaître devant l'assemblée d'Athènes. Que peut-on reprocher, grands dieux! à ces généreux champions? D'avoir sauvé une escadre condamnée à périr de famine, d'avoir humilié Sparte, d'avoir délivré Mitylène? On leur reproche de n'avoir pas recueilli les naufragés et de n'avoir pas rendu les honneurs funèbres aux morts. Deux des stratéges, Protomachus et Aristogène, ne jugent pas prudent de répondre à la sommation qui leur est adressée; ils cherchent un asile sur les côtes de l'Ionie. Périclès, Diomédon, Lysias lui-même échappé miraculeusement au naufrage, Aristocratès, Thrasylle, Érasinidès, tous également confiants dans la bonté de leur cause, se présentent sans crainte à leurs juges. « Avoir oublié les naufragés et les morts! Peut-on leur imputer semblable négligence? A quel soin furent donc commis, dès que la bataille put être considérée comme gagnée, les deux triérarques les plus capables de la flotte, Théramène et Thrasybule, deux capitaines qui avaient maintes fois rempli les fonctions de stratége? On leur donna quarante-sept trières et on leur enjoignit de ne s'occuper que d'une chose: visiter les plages et les épaves éparses pour y porter secours à ceux qui vivaient encore, pour y rendre les derniers devoirs à ceux qui étaient morts en servant la république. » Nul dans Athènes n'ignore ces détails; les généraux, le jour même où ils annonçaient leur victoire, en faisaient part au peuple, car le peuple ne veut et ne doit rien ignorer. C'est pourtant de cette assertion si simple et si sincère qu'est venu tout le mal. Théramène et Thrasybule ont cru que les stratéges voulaient se décharger sur eux de la grave responsabilité qui leur incombe. Ils se sont hâtés de prendre les devants, d'ameuter leurs amis, et ce n'est plus seulement au sein d'une foule ignorante que l'accusation recrute ses partisans; de la flotte même vont surgir les dépositions les plus accablantes. C'est l'histoire du comte de Grasse livré par ses capitaines, après le combat de la Dominique, aux plus sanglantes railleries des Parisiens. Pendant que les Anglais rendaient un juste hommage à la magnifique défense du héros malheureux, pendant que les États-Unis l'honoraient comme un des fondateurs de leur indépendance, les beaux esprits, chez nous, se donnaient carrière : « Les croix à la Jeannette, disaient-ils, ont un cœur; les croix à la de Grasse n'en ont pas. » *Intelligite et erudimini*, vous qui commanderez un jour des escadres!

Il faut que les stratéges soient brefs dans leur défense, car le temps leur a été avarement mesuré. « Au signal de la clepsydre », ils devront quitter la tribune. Qu'ils en descendent d'eux-mêmes, car le peuple serait d'humeur à les y aller chercher.

Quelques mots heureusement suffisent pour plaider une cause qui serait gagnée à l'avance s'il y avait encore la moindre justice dans Athènes. Une mission a été donnée; cela est incontestable. Pourquoi cette mission n'a-t-elle pas été accomplie? Toutes les violences, toutes les perfidies de Théramène n'amèneront pas les accusés à déguiser la vérité. La tempête qui s'est élevée a contraint les vaisseaux, les quarante-sept trières, comme le reste, à chercher au port le plus voisin un abri. Théramène et Thrasybule ne sont pas plus coupables que les généraux. Le peuple est ébranlé; tous les pilotes sont venus attester l'impétuosité de la tourmente. Les prytanes se consultent. « Remettons, proposent-ils, l'affaire à l'assemblée prochaine; à cette heure avancée, il serait impossible de distinguer les mains. Nous essayerions vainement de compter les suffrages. » Ce ne sont certes pas les assemblées qui manquent; il y en a régulièrement trois au moins par mois. N'en peut-on pas d'ailleurs convoquer d'autres d'urgence? Que le peuple se rassure; les prytanes ne laisseront pas chômer sa justice. Les accusés ont obtenu caution; ils sont libres; c'est à eux de bien employer le temps qu'on leur laisse. Et la haine, croit-on donc qu'elle va demeurer inactive? Le principal meneur de la cabale, le promoteur ardent de la persécution, ce n'est pas Thrasybule, c'est Théramène, ce Théramène qui sera un jour l'un des trente tyrans, et que les trente immoleront dès qu'il refusera de les suivre dans leurs excès. Théramène est déjà un personnage; ses ennemis l'appellent *Cothurne*, sous prétexte qu'il essaye toujours de s'ajuster aux deux partis; mais ici le soin de sa sûreté l'a rendu résolu. Le peuple ne se payera pas de discours; on lui doit au moins une victime : Théramène ou les généraux.

De délai en délai, on était arrivé au mois d'octobre de l'année 406 avant notre ère; la fête des Apaturies allait se célébrer. Consacrée à Minerve et à Jupiter, cette fête était une des grandes solennités publiques. Elle durait trois jours, trois jours de réjouissances, pendant lesquelles les frères et les parents se rassemblaient les uns chez les autres. Combien de chers absents n'y prendront point part! Vingt-cinq trières ne périssent pas avec leurs équipages sans laisser de nombreux vides dans la cité; Athènes est remplie de vêtements de deuil. On ne voit dans les rues que gens habillés de noir et rasés jusqu'à la peau. Cette foule lamentable n'a pas même la consolation de savoir que les dépouilles mortelles de ceux qu'elle pleure ont reçu les hommages suprêmes. Excitée secrètement par les partisans de Théramène, elle éclate en plaintes, elle se rassemble en groupes. L'indignation grossit et trouve un interprète. Callixène propose au peuple de décréter que l'affaire a été suffisamment entendue. Il faut dans chaque tribu déposer deux urnes; les citoyens qui jugeront les stratéges coupables déposeront leur vote dans l'urne de droite; ceux qui les voudront acquitter laisseront tomber leur suffrage dans l'urne de gauche. Et si l'épreuve tourne contre les accusés, quelle sera la peine? Le peuple, en pareil cas, n'en peut prononcer qu'une : les généraux seront livrés aux Onze pour être mis à mort. Leurs biens, tous leurs biens, seront confisqués, et le dixième en sera consacré à Minerve.

L'assemblée, à cette proposition impitoyable, se divise. « Depuis quand, disent les uns, a-t-il été permis de frapper plusieurs accusés par une seule sentence? N'existe-t-il pas une loi, — la loi de Canonus, — qui prescrit d'instruire séparément la cause de chacune des personnes impliquées dans le même procès? — Eh quoi! répliquent les autres, vous prétendez restreindre les droits du peuple! Le peuple qui fait les lois n'est-il pas libre de décréter en toute occasion ce qui lui convient? » — L'assemblée devient tumultueuse; Lyciscus s'écrie « qu'on devrait envelopper dans le même décret et les stratéges qui ont failli à leur devoir et les citoyens factieux qui les défendent ». Socrate, fils de Sophronisque, proteste au nom de l'éternelle morale. « Le peuple est souverain sans doute, mais, comme tout souverain, il se trouve enchaîné par les lois qu'il a faites. » Ah ! Socrate ! Socrate ! tu as donc bien envie de boire la ciguë ! On t'a déjà livré à la risée du peuple ; dans cinq ou six ans le peuple te livrera au bourreau.

Pendant que ce sage, — c'est ce fou que nous voulions dire, — parle à la multitude un langage que jamais multitude n'a compris, un matelot se lève. « J'étais au combat des Arginuses, dit-il. J'ai pu me sauver sur un tonneau de farine, et j'affirme que la tempête n'était pas telle qu'il fût impossible de recueillir les morts. » Ce dernier coup achève les accusés ; une immense clameur couvre le peu de voix qui réclament encore ; les prytanes, effrayés, se résignent à faire voter par tribu : « Si quelqu'un n'a pas encore déposé son suffrage, qu'il se hâte ! » La proposition de Callixène a la majorité ; les huit stratéges sont condamnés à la peine capitale. Protomachus et Aristogène éviteront les effets de la cruelle sentence. Ceux-là sont les girondins prudents qu'au lendemain de Thermidor on sera trop heureux de retrouver et de couvrir de fleurs ; les six autres sont livrés aux Onze. « N'oubliez pas, s'écrie Diomédon au moment où les bourreaux l'entraînent, n'oubliez pas, citoyens, d'acquitter les vœux que nous avions faits avant la bataille. C'est Jupiter Sauveur, c'est Apollon, ce sont les vénérables déesses qui nous ont donné la victoire. Allez leur rendre grâces pendant que nous marchons à la mort! » Que disait en pareil occurrence le comte d'Estaing? « Portez ma tête aux Anglais! Ils vous la payeront cher! » Voilà de vaillants adieux à la vie! Je les préfère de beaucoup à ceux de Théramène répandant à terre les dernières gouttes de la ciguë « pour le beau Critias ». Théramène, tu railles; ce n'est pas la ciguë, c'est le sang de Diomédon qui t'étouffe. Quand le malheur viendra fondre sur toi, tu croiras en vain te justifier en disant : « Ce n'est pas moi qui ai commencé les attaques. » Tu as été injuste, tu as été perfide; Critias n'est ici que l'instrument du ciel. Et ce misérable Callixène, ce sycophante qui a emporté d'emblée la sentence, quel sera son sort? Les Athéniens ont une loi destinée à frapper ceux qui les ont trompés. Naïve et touchante bonhomie du pauvre Démos! Callixène fera les frais de son repentir. Emprisonné d'abord, délivré ensuite à la faveur d'une émeute, le délateur ira traîner à l'étranger une existence humiliée et errante. Les dieux permettront bien qu'il revoie un jour sa patrie; mais, exécré de tous, accablé de mépris, il finira par mourir de faim.

Les Anglais ont condamné l'amiral Byng; c'était un vaincu! Et encore l'impartiale histoire n'a-t-elle pas ratifié leur rigueur. Le véritable coupable n'était probablement pas celui qui, en 1757, monta, calme et fier, sur le fatal ponton. Des ministres imprévoyants se couvraient, ce jour-là, par le sacrifice de l'homme que leur négligence avait mis dans l'impossibilité de vaincre. Il est difficile d'approuver un jugement qui semble n'avoir été qu'un détestable expédient politique. Combien, à plus forte raison, doit-on blâmer, doit-on, de tout son pouvoir, flétrir cette aberration d'un peuple qu'on voit, follement docile aux inspirations de ses orateurs, appesantir son aveugle colère sur des généraux qui ne méritaient que sa reconnaissance! « C'est ainsi cependant, proclame toute une école, qu'on décrète la victoire. » Il est temps d'en finir avec ces théories. On n'a le droit de décréter la victoire que quand on a pris soin de l'organiser. Le mot du maréchal Bugeaud restera éternellement vrai : « Sans l'armée de Louis XVI, toutes les fureurs de Danton n'auraient pas sauvé la France! »

CHAPITRE XI.

LA BATAILLE D'ÆGOS-POTAMOS.

L'ingratitude ne porte pas bonheur. Le sang des généraux immolés criait vengeance contre Athènes; les larmes et la pitié des bons citoyens furent, en cette occasion, le présage des malheurs qui attendaient la république. Déjà les choses ont changé de face sur les côtes de l'Ionie; Lysandre est revenu à Éphèse. Les Lacédémoniens ne l'ont pas nommé navarque; la loi s'oppose à ce que la même personne soit revêtue deux fois de cette charge importante. C'est Aracus qui porte le titre refusé au général que les alliés de Sparte, que Cyrus lui-même réclament à grands cris; en réalité, c'est Lysandre qui commande. La satisfaction donnée au fils du grand roi a rompu les digues qui retenaient encore dans une certaine mesure les subsides. L'or afflue au camp des Péloponésiens. On y paye la solde arriérée, on y rassemble de toutes parts des charpentiers, des bois de construction, des râmeurs; les chantiers d'Antandros expédient chaque jour quelque nouvelle trière à Éphèse. Pendant ce temps, Étéonicus est arrivé de Chio. Lysandre, avec cette escadre aguerrie, part pour Rhodes : à Rhodes on trouve toujours des vaisseaux. C'est en force que Lysandre, revenant de la côte de Carie, remonte de cap en cap le continent de l'Asie Mineure. Les villes, sur son passage, rentrent dans le devoir, les contingents accourent. Lysandre a de nouveau une flotte; il fait, sans plus attendre, route pour l'Hellespont.

Les Athéniens étaient alors rassemblés à Samos; avant de marcher à l'ennemi, il leur fallait reconstituer le commandement. Conon avait déjà pour collègues Adimante et Philoclès; le peuple lui envoie trois autres généraux : Ménandre, Tydée et Céphisodote. Cette fois, il est urgent que la lutte se termine. La république a mis en mer cent quatre-vingts vaisseaux; elle exige l'audace et proscrit la pitié. On coupera le pouce droit à tous les prisonniers. Qu'ils manient encore la rame, s'ils en sont capables, mais qu'ils soient mis dans l'impossibilité de se servir à jamais de la lance! C'est Philoclès, assure-t-on, qui, pour complaire au parti extrême, a fait rendre par le peuple cet odieux décret. C'est encore ce même Philoclès qui, rencontrant sur sa route deux trières ennemies, l'une de Corinthe, l'autre d'Andros, en a fait jeter tous les hommes à la mer. Souhaitons-lui d'être toujours vainqueur, car les Lacédémoniens, s'il tombe entre leurs mains, ne l'épargneront pas.

Nous avons pu voir, en des temps bien rapprochés du nôtre, ce qu'il est permis d'attendre de ces transports puérils d'une rage impuissante. Faire la guerre en pirates est le plus sûr moyen de la mal faire. Le tir à boulet rouge, les décrets d'extermination n'ont jamais valu ces deux mots magiques, qu'il faut toujours inscrire, en sortant du port, sur son labarum : ordre et discipline. Lorsque la Convention, dans ses plus mauvais jours, crut devoir mettre les Anglais au ban de l'humanité ; lorsqu'elle prescrivit de n'accorder nulle merci aux équipages qu'un sort contraire mettrait à la discrétion de ses officiers, il ne se rencontra qu'un capitaine pour oser prendre un pareil ordre à la lettre, et ce capitaine en mourut peu de temps après de douleur.

Lysandre, avec deux cents vaisseaux, cinglait vers l'Hellespont. Il avait sur les Athéniens ce grand avantage de pouvoir côtoyer partout des rivages amis. Les Athéniens se décident enfin à le suivre ; mais, à partir de Chio, il leur faut prendre le large. La côte asiatique ne leur offrirait aucun point de relâche; ils n'oseraient même pas y descendre pour prendre leurs repas. Lysandre a donc toute facilité pour les devancer dans l'Hellespont. Il jette l'ancre devant Abydos; des troupes asiatiques y étaient déjà réunies. Lysandre les place sous le commandement de Thorax, un Lacédémonien, et leur donne l'ordre de se rendre par terre sous les murs de Lampsaque. C'est à Lampsaque, en effet, qu'il en veut; c'est sur Lampsaque que sa flotte se dirige. Là, se trouvaient accumulées des richesses considérables et des provisions en abondance. Lampsaque était devenue entre les mains des Athéniens un des bureaux de péage et un des entrepôts de la mer Noire. C'était aussi pour eux une tête de pont sur le continent de l'Asie, et pour Pharnabaze ce que le vieux Jervis, en 1795, appelait pittoresquement « un grain de sable dans son œil ». Lysandre promet au satrape de le délivrer de ce grain de poussière qui l'agace. Il assiége la ville et l'emporte d'assaut. Voici déjà un premier pas fait vers Chalcédoine et aussi vers Byzance; il faut maintenant compter avec les Athéniens, car leurs cent quatre-vingts trières viennent de jeter l'ancre devant Éléonte, non loin de ce promontoire sur lequel s'élève aujourd'hui le château d'Europe. La flotte athénienne ne s'arrête à Éléonte que pour y préparer et y prendre son repas. Remarquez l'insistance des historiens grecs à relever avec soin ce détail qui pour nous serait insignifiant et courrait certainement le risque de passer inaperçu. Le repas dans la marine des anciens a une importance stratégique. Les plus grands événements sont, à cette époque, la conséquence d'un marché troublé ou d'un dîner interrompu. Nous l'avons déjà vu en Sicile ; nous ne tarderons pas à en rencontrer un exemple plus frappant encore.

Les Athéniens savent que Lampsaque est au pouvoir de l'ennemi. Qu'importe, si Lysandre ne s'obstine pas à refuser le combat, comme il l'a fait à Éphèse après le grave échec infligé à Antiochus? Les forces sont à peu près égales ; le thalassocrate ne se laissera probablement pas longtemps humilier ; la campagne peut être décidée en un jour. Conon porte donc rapidement sa flotte d'Éléonte à Sestos, de Sestos à l'embouchure de l'Ægos-Potamos ; le ruisseau qui débouche entre Sestos et la ville actuelle de Gallipoli est à la veille de conquérir un nom dans l'histoire. Les Athéniens ne trouvent pas de marché établi à ce mouillage ; rien de plus fâcheux pour une flotte obligée de se tenir constamment sur ses gardes. On doit aller s'approvisionner à Sestos, et Sestos est à dix-huit milles marins du camp que l'armée occupe. Que faire, cependant? Ne fallait-il pas établir sa base d'opérations en face de Lampsaque? L'Hellespont, en cet endroit, a environ neuf kilomètres de largeur. C'est à peu près la moitié du chemin qu'avait à parcourir Callicratidas quand il alla chercher la flotte de Thrasylle aux Arginuses. Arrivés à Ægos-Potamos, les Athéniens commencent par souper. Au combat de Spickeren, on a vu un vieux caporal de zouaves tenir d'une main la cuiller avec laquelle il agitait le fond de sa marmite, et balancer de l'autre son fusil[1]. C'est l'image de la flotte athé-

[1] Qu'il est difficile d'écrire l'histoire, et combien d'erreurs graves peut renfermer le simple énoncé du moindre fait! On en jugera par la réclamation très-fondée que m'attire l'allusion que je crus pouvoir faire, en passant, au combat de Spickeren.

« Mon cher amiral, je lis attentivement tout ce que je lis, et surtout quand c'est vous qui avez écrit. Vous faites allusion à un fait que je vous ai signalé. Vous parlez d'un *caporal de zouaves* faisant le coup de feu en continuant d'agiter le bœuf dans la marmite. Le fait est vrai; mais je n'ai pas dit que c'était *un caporal*, parce qu'un homme gradé ne fait pas la soupe. Je n'ai pas dit non plus que c'était *un zouave*, parce que nous n'avions pas de zouaves à Spickeren. Pour préciser le fait, j'ai interrogé un de mes vieux amis, aujourd'hui commandant d'état-major, qui, à deux reprises, s'est trouvé tout contre le modeste héros. Ci-joint la lettre qu'il me répond à ce sujet. »

La réponse est catégorique, et je me fais un devoir de la reproduire :

« Vous avez raison, et l'amiral se trompe. L'homme dont vous me parlez appartenait au 63e régiment. Je ne sais pas son nom; mais je me rappelle d'autant mieux le numéro du régiment que j'ai remarqué ce vieux brave à deux reprises : une première fois, en passant entre les deux brigades pour faire avancer une de nos batteries; la seconde fois, en reculant la ligne de bataille. »

nienne apercevant, du rivage sur lequel mangent ses équipages accroupis, les feux de la flotte de Lysandre. Si Lysandre avait seulement le cœur de la venir attaquer! Que de peines, que de veilles, que d'embarras il lui épargnerait! Lysandre reste immobile. Dès le point du jour, les Athéniens traversent le détroit et se rangent en ligne devant la plage de Lampsaque. La flotte du Péloponèse a fait son branle-bas de combat. « Sur les côtés, disait au dix-septième siècle l'ordonnance des galères de Malte, on met des capots, des cordages, des estrapontins, pour se mettre à couvert des coups de mousquet. » Lysandre n'avait à se défendre que des flèches des archers, des carreaux des frondeurs, des pierres des lithoboles; il se contente de dresser le long de ses préceintes une rangée de mantelets et de boucliers. Les hoplites et les épibates sont à leurs postes, les rameurs ont leurs avirons en main. A la bonne heure! il y aura bientôt du butin pour les mouettes, s'il n'y en a pas pour les corbeaux. Les Athéniens n'attendent que le moment où Lysandre aura levé l'ancre. Eh quoi! Lysandre ne bouge pas encore. Faut-il donc l'aller tirer par la barbe? Les Vénitiens ne se faisaient pas faute d'injurier « les pourceaux de Génois »; le *Karageuz* des Turcs a probablement emprunté aux grands comiques d'Athènes les gestes et les bons mots qui font encore les délices du grave Osmanli. «Visage de chien» n'est qu'une injure homérique; les marins de Conon avaient leur vocabulaire mieux garni. Ils l'épuisèrent en vain. Lysandre les laissa, impassible, vider leur carquois. Quand les Athéniens furent à bout d'injures et de provocations, ils retournèrent à Ægos-Potamos pour dîner. Le navarque les fit suivre de loin par deux de ses éclaireurs; il tenait à savoir de quelle façon s'attablait l'ennemi et de quel marché Conon tirait ses vivres. Les Athéniens débarquent et se dispersent dans tous les alentours. Le lendemain, le soleil n'est pas levé, que les soldats de Lysandre ont déjà repris leur poste à bord. O sainte discipline, que tu mériterais bien de porter le nom de mère de la victoire! Les vaisseaux de Conon viennent de nouveau offrir le combat à cette flotte sous les armes. Si vous voulez combattre, Athéniens, décidez-vous à forcer l'ennemi dans ses lignes, car, je vous en préviens, l'ennemi ne viendra pas à vous. Jetez-lui vos insultes, accablez-le de votre mépris et de vos brocards, vous ne le ferez pas sortir de sa position défensive. Durant quatre jours consécutifs, la même manœuvre, les mêmes défis injurieux se répètent. La flotte athénienne, à l'aurore, se met en marche; dès que le soleil commence à baisser, elle fait retraite. Chaque fois, elle trouve les Péloponésiens prêts à la recevoir; chaque fois, elle les quitte aussi insensibles à ses railleries. S'imaginer que de pareils adversaires sont à craindre, qu'ils pourraient à leur tour traverser le détroit, quelle folie! Il est pourtant un homme, un Athénien, à qui ce bloc enfariné ne dit rien qui vaille. Cet homme se connaît en ruses, et il a fait à ses dépens l'épreuve des ruses de Lysandre. Vous avez deviné sans peine qu'il s'agit d'Alcibiade.

Le fils de Clinias, depuis la défaite qui l'avait atteint, s'était senti repris d'un goût plus vif encore pour son ancien métier d'intrigant sans patrie et de condottiere. Ce n'était plus des satrapes de Darius, c'était des rois de Thrace, de Seuthès et de Médocus qu'il se proclamait l'ami. L'existence monotone du château de Rodosto commençait à lui peser. Les Alcibiade, pas plus que les Ovide, ne sont faits pour passer leur vie au milieu des Barbares. Alcibiade pensait donc à reparaître un jour ou l'autre dans Athènes. Il s'en était volontairement banni; il n'y pouvait rentrer qu'entouré de l'éclat d'un nouveau triomphe. Rempli de cette pensée, il vient, avec l'assurance qui jamais ne l'abandonne, offrir ses services à la flotte de Conon. Qu'on l'accueille, qu'on lui fasse une part dans le commandement, et toute une armée d'auxiliaires accourt de la Thrace, docile à ses ordres. Les généraux athéniens n'étaient pas sans connaître le dénoûment habituel des comédies d'Alcibiade. « Ni l'or des Barbares ni l'armée des Odomantes » ne leur semblaient chose à laquelle on pût désormais se fier. Quand on leur parla de « ces circoncis », ils commencèrent, en gens qui savaient sur le bout du doigt leur Alcibiade et leur Aristophane, « par serrer leur ail ». Firent-ils bien? Furent-ils, en cette occasion, plus soupçonneux que sages? Je n'en sais vraiment rien. Avec Alcibiade, sans doute, tout était à craindre; Alcibiade n'en était pas moins le premier général de l'époque. A tort ou à raison, légitime méfiance ou imbécile jalousie, les stratéges, — Tydée et Ménandre plus encore peut-être que les autres, — prirent un violent ombrage de la présence de l'indéchiffrable héros dans leur camp. « Vous avez choisi un mauvais mouillage, leur dit Alcibiade. Vous êtes ici loin de toute ville, sur une plage sans abri. Il fallait rester devant Sestos, et ce que vous avez de mieux à faire, c'est d'y retourner. » Des avis après des promesses, un blâme hautain, c'était trop. « Nous n'avons pas besoin de votre concours, et nous vous faisons grâce de vos conseils. » Telle est la réponse que s'attire le vainqueur de Cyzique, le conquérant jusqu'alors heureux de Byzance. « Ce n'est plus lui, ajoutent avec ironie les stratéges, ce sont les généraux élus par le peuple qui commandent. » Alcibiade se retire, et le lendemain Lysandre attaque. La coïncidence n'a point étonné Xénophon ; pour la mémoire d'Alcibiade, je la regrette. Toujours est-il que l'avis d'Alcibiade était excellent.

Les Athéniens sont à terre ; Conon les a laissés se répandre, en quête de provisions, dans la campagne. La flotte du Péloponèse se détache lentement du rivage ; elle approche sans bruit, sans faire bouillonner l'eau. Lysandre croit-il donc pouvoir traverser le détroit inaperçu ? Non ! Il n'espère pas tant de la confiance exagérée de l'ennemi. Tout ce qu'il veut, c'est abréger ainsi la distance à franchir ; ses éclaireurs sont là pour l'avertir du moment où sa ruse aura été découverte. Avancez, avancez toujours doucement, c'est autant de gagné. Ah ! voilà le signal ; l'ennemi en ce moment court à ses vaisseaux : « Dressez le bouclier ! Dressez-le bien haut ! Élevez-le au bout de sa pique ! Que toute la flotte le voie ! Eleleleu ! Hourrah ! Renversez-vous sur les bancs, faites ployer les rames ! Lampsaque est déjà loin ; en moins de vingt minutes, le détroit sera franchi. » Les bâtiments de transport, à leur tour, se sont mis en marche. Ils amènent Thorax avec son infanterie. On bat le rappel à cette heure sur la côte d'Europe. On le bat trop tard. C'est la faute que nous commîmes nous-mêmes dans la baie d'Aboukir, quand nous y fûmes attaqués par Nelson. Une partie de nos équipages détachée à l'aiguade roulait encore ses barriques sur la plage que déjà les vaisseaux anglais se mêlaient aux nôtres. Tout est tumulte dans le camp des Athéniens; les stratéges, les taxiarques, les triérarques, courent de côté et d'autre. On rassemble les matelots, on les pousse vers la mer, on les conjure de s'embarquer. Sur la plupart des trières, une partie des rames se trouve entièrement dégarnie, quelques vaisseaux sont tout à fait vides. Lysandre se précipite au milieu de cette cohue. Son infanterie prend terre sur le rivage, gravit, sans être un instant arrêtée, la falaise et poursuit à travers la campagne les fuyards qui n'essayent pas même de se rallier. C'est pourtant sur ce champ de bataille que nous développions au mois d'avril 1854 nos compagnies de débarquement! Je ne m'en doutais guère alors. Si j'eusse été mieux instruit des grandes luttes de l'antiquité, j'aurais pu proposer à l'amiral Bruat de faire pour la bataille d'Ægos-Potamos ce que fit l'amiral Bouët-Willaumez pour la bataille d'Isly. Nos embarcations auraient représenté les deux flottes, et l'infanterie de marine du capitaine Millet eût remplacé les soldats de Thorax.

CHAPITRE XII.

LE MASSACRE DES PRISONNIERS.

« Ce n'est pas une victoire, c'est une conquête ! » s'écria Nelson après Aboukir. Lysandre eût été fondé à en dire autant; la marine athénienne n'existait plus. Le vaisseau de Conon et sept autres trières échappèrent seuls avec la *Paralos* au désastre. Le reste de la flotte, les stratéges, trois mille prisonniers, demeurèrent aux mains du vainqueur. Telle fut la fatale journée d'Ægos-Potamos livrée au printemps de l'année 405 avant Jésus-Christ. Il n'a fallu qu'une heure pour terminer une guerre qui durait depuis vingt-sept ans. Nos batailles navales n'ont plus cette importance. Tant que dura la marine des galères, ce fut à elle qu'appartint le don de changer en quelques minutes la face du monde. Pourquoi la marine à vapeur ne reprendrait-elle pas un jour le rôle dont la marine à voiles s'est laissé déposséder ?

Les prisonniers sont transportés à Lampsaque. Ce ne sont pas des Barbares; ce sont des Grecs. Pensez-vous qu'ils aient quelque merci à espérer? Ils auront la merci qu'ont rencontrée les vaincus de Sicile; Lysandre et Callicratidas ne sont pas de la même école. Les longues guerres d'ailleurs finissent par endurcir le cœur des nations. La haine des Péloponésiens avait été portée à son comble par le décret rendu sur la proposition de Philoclès. Lysandre fait comparaître ce stratége devant lui : « Quelle peine mérites-tu, lui dit-il, pour avoir le premier méconnu ce que des Grecs devaient à des Grecs? — Ne prends pas la peine de m'accuser, lui répond Philoclès; je ne suis pas ici devant un juge. Tu as vaincu : traite-moi comme je t'aurais traité si j'eusse été vainqueur. » Les anciens allaient généralement au-devant de la mort avec une dignité sereine. Philoclès entre au bain. Quand il en sort, on le dirait paré pour une fête; la poussière du combat a disparu. Comme les trois cents Spartiates aux Thermopyles, Philoclès a revêtu sa plus riche chlamyde; le front haut, le sourire aux lèvres, il se place à la tête de ses compagnons et se dirige avec eux vers le lieu du supplice. On égorgea ce jour-là trois mille Athéniens; Philoclès eut l'honneur d'être frappé le premier. De tous les prisonniers un seul trouva grâce devant le glaive de

Lysandre; ce fut Adimante, l'ancien lieutenant de Conon. Ce stratége s'était, dit-on, opposé « au décret des mains coupées ». D'autres prétendent qu'Adimante avait livré la flotte. Le peuple d'Athènes n'en douta pas un instant: les catastrophes éveillent toujours l'idée de trahison.

Pour éviter le retour des atrocités dont le seul récit nous fait frémir, il est bon de vouloir rester chevaleresque même envers l'ennemi qui aurait cessé de l'être. La guerre, si vous la laissez glisser sur la pente des représailles, ne tarde pas à devenir une guerre sans pitié. On va loin quand on est une fois engagé dans cette voie; l'aversion mutuelle grandit et s'entretient par ses effets mêmes. Il suffirait souvent de souffler sur le nuage pour reconnaître dans l'adversaire le plus détesté un être semblable à nous, digne d'estime, presque de sympathie; on laisse le nuage s'épaissir, et l'on n'aperçoit plus qu'un monstre dont il faut à tout prix débarrasser la terre. Qui pourrait croire aujourd'hui à quel degré de haine en étaient arrivées au début du dix-neuvième siècle l'Angleterre et la France? Qui ne serait tenté de taxer l'histoire d'exagération en voyant, à quarante, à cinquante ans d'intervalle, ces deux peuples rivaux, ces deux ennemis implacables, confondre leur sang sur les champs de bataille et se présenter aux congrès des nations la main dans la main ? Cet étrange spectacle aurait bien surpris nos pères, eux qui, pendant un demi-siècle, avaient combattu l'Anglais et qui, pendant un quart de siècle encore, l'avaient maudit. Les passions de cette époque sont d'un temps que le nôtre ne comprend même plus. Jamais le court espace d'une vingtaine d'années ne mit une telle distance entre deux âges historiques qui se touchent et dont la postérité aura cependant quelque peine à découvrir les points de contact. Tout a changé de physionomie ; c'est un nouveau monde moral qui s'élabore. La poussière que nos agitations soulèvent nous dérobe la vue du but vers lequel, sans en avoir exactement conscience, peu à peu et invinciblement nous tendons ; que les philosophes y prennent garde ! c'est par leur main peut-être que Dieu va nous ramener sur le vieux chemin des catacombes. Nos pères, bien qu'ils eussent proclamé le désir de ne faire la guerre qu'aux châteaux et de respecter les chaumières, n'avaient rien gardé des idées de fraternité et de mansuétude que le christianisme s'était efforcé de substituer aux antagonismes de la société antique. On eût dit que les traditions de la chevalerie leur pesaient et qu'ils avaient hâte de redevenir franchement païens. Dans leur naïf empressement à rompre avec le passé, on les vit reculer tout d'un trait jusqu'à la fondation de Rome et jusqu'à la guerre du Péloponèse; Athènes et Sparte, Carthage et Rome, se retrouvèrent une seconde fois en présence; la démocratie et l'oligarchie reprirent la lutte au point où Philoclès et Lysandre l'avaient laissée.

Napoléon Ier avait trop de génie pour s'égarer dans de pareils sentiers; il n'en resta pas moins le continuateur de César bien plus que celui de Charlemagne. Il voulait des hommes de Plutarque : il en eut. Notre marine elle-même lui en aurait donné, si elle n'eût été trop vite accablée par une succession inouïe de revers. L'amiral Charles Baudin, qui m'honora jadis de son amitié, était, avec l'amiral Roussin, avec l'amiral de Rigny, avec l'amiral de Mackau, un des produits de cette éclosion généreuse et féconde couvée sous l'œil du maître. Et combien destinés à une renommée peut-être plus illustre encore se sont vus écrasés dans l'œuf au moment où ils allaient déployer leurs ailes !

> Quos dulcis vitæ exsortes et ab ubere raptos
> Abstulit atra dies et funere mersit acerbo.

Il n'y a pas d'histoire pour ces déshérités; la seule trace qu'ils eussent laissée, trace bien fugitive, ombre de trace, vestige approprié à des hommes qui ne furent eux-mêmes, dans le court passage de la vie, que des ombres, a disparu avec les derniers compagnons d'armes qui gardaient au fond du cœur leur mémoire. De tous ces noms qu'on aimerait à sauver, avant que la nuit éternelle les submerge, je n'en veux, pour le moment du moins, disputer qu'un seul à l'oubli. Ce sera le nom d'un officier dont l'amiral Baudin m'a bien souvent entretenu. Ce nom, je le choisis parce qu'il rappelle un caractère antique; je le choisis encore parce qu'il est associé dans ma pensée au souvenir d'un épisode où je retrouve les cruelles passions qui amenèrent, en l'année 405 avant notre ère, le massacre de trois mille Athéniens. Je n'ai certes pas au même degré que Samuel Johnson le goût des *bons haïsseurs*. Quelle âme exempte de fiel nous pourrait cependant donner le spectacle de ce dédain altier de la mort, de cet héroïsme farouche, — je serais presque tenté de dire refrogné — dont firent preuve Philoclès à Lampsaque et, vingt-deux siècles plus tard, dans les mers de l'Inde, le lieutenant Charles Moreau?

Le lieutenant de vaisseau Moreau était embarqué en qualité de second à bord de la *Piémontaise*, frégate que commandait alors le capitaine Épron; il fut accusé par un rapport aussi odieux que mensonger d'avoir frappé de son poignard le capitaine Larkins, du vaisseau de la Compagnie des Indes *le*

Warren-Hastings, après que ce vaisseau se fut rendu — *stabbed after the surrender.* — Le gouvernement de Calcutta expédie sur-le-champ à tous les navires de la station l'ordre de pendre à la grand'vergue le lieutenant Moreau, si la *Piémontaise* a quelque jour le destin du *Warren-Hastings.* La tête mise à prix n'était pas celle d'un ennemi ordinaire. Moreau, dans l'opinion de l'amiral Baudin, son compagnon d'armes à bord de la *Piémontaise,* eût été, sans le coup prématuré qui l'atteignit, une des gloires les plus pures et les plus éclatantes de la marine française. Mais n'atténuons en rien le sentiment qu'exprimait l'amiral : « Moreau, m'a-t-il dit souvent, eût régénéré notre marine. »

La *Piémontaise* cependant continue sa croisière, fait de nouvelles prises. L'accusation du capitaine Larkins, la circulaire de la Compagnie, finissent de cette façon par arriver à la connaissance du prétendu assassin. « Les Anglais peuvent donner tous les ordres qu'ils voudront, dit Moreau ; je ne tomberai pas vivant entre leurs mains. » Quelques mois se passent. La *Piémontaise* rencontre la frégate *le San-Fiorenzo.* Un combat s'engage ; la nuit vient l'interrompre ; on le reprendra quand paraîtra le jour. Moreau est resté sombre ; il augure mal de l'issue d'une affaire qui jusque-là n'a pas été conduite à sa guise. « Promettez-moi, dit-il à un jeune enseigne de vaisseau, son ami, de me jeter à la mer, si par hasard demain j'étais blessé. » L'officier se récrie, s'efforce de détourner le funeste présage. « Promettez toujours ! » On ne peut se permettre de vaines promesses avec ces stoïques; ils ne nous pardonneraient pas d'y manquer; l'ami détourne la tête et ne répond pas. Le lendemain, comme on l'avait prévu, l'action recommence. Moreau est à son poste sur le gaillard d'avant; un éclat de bois le frappe à la cuisse. Il tombe; les matelots s'empressent autour de lui. On veut l'emporter dans la cale. « Non, pas dans la cale, s'écrie-t-il, à la mer ! » Le feu de la *Piémontaise* a faibli; il est évident qu'elle va être contrainte à se rendre, et les Anglais viendront, le sabre au poing, demander le lieutenant Moreau ! Qu'ils aillent le disputer aux requins ! Moreau, surexcité plutôt qu'affaibli par sa blessure, repousse violemment les bras trop empressés qui le soulèvent; il se roule sur le pont étroit de ce gaillard inondé de son sang; une dernière secousse, et c'en est fait; le corps du blessé a franchi le plat-bord. L'écoute de misaine, avec son double garant, traînait à l'eau. Cette manœuvre reçoit le malheureux lieutenant et l'arrête un instant dans sa chute. Deux matelots, — deux gabiers, — se laissent vivement glisser sur le flanc du navire. Ils étendent la main; Moreau, par un soubresaut convulsif, leur échappe. La mer a sa proie; les Anglais n'auront pas la leur. Quand on songe que le vainqueur de Saint-Jean-d'Ulloa, celui que nos matelots appelaient dans leur enthousiasme le grand Baudin, se trouvait petit à côté de ce héros inconnu, on se demande à quoi tient la gloire. Il faut vivre, quoi qu'on en puisse dire, pour devenir célèbre. Plus d'un obscur soldat aurait aujourd'hui sa place marquée dans les annales du monde, si la mort ne l'avait pas fauché avant l'heure! Ce sont les meilleurs qui se font tuer ou du moins qui font tout ce qu'il faut pour que l'ennemi les tue. Et pourtant quelques-uns ont traversé sans aucune blessure ces épreuves. N'est-il pas évident que nous sommes à toutes les heures du jour dans la main de Dieu? La gloire, comme la vie, c'est Dieu qui la donne; c'est aussi lui qui la détient à son gré. Qui sait d'ailleurs si, de tous les présents que sa bonté peut nous faire, celui-là n'est pas le plus chétif à ses yeux [1] ?

[1] J'ai voulu savoir quelle trace avaient gardée nos archives des services d'un officier si rempli de promesses et si brusquement moissonné dans sa fleur. Voici la note que m'a transmise, avec son obligeance habituelle, un des conservateurs de ce riche dépôt, M. Octave de Branges :

« La frégate *la Piémontaise,* commandée par M. Épron (Louis-Jacques), capitaine de vaisseau, faisait en 1808 partie de la station de l'île de France. Le 7 mars, se trouvant à la hauteur de Ceylan, le commandant Épron eut connaissance de plusieurs voiles qu'il reconnut pour des vaisseaux de la Compagnie. Bientôt après une frégate fut signalée. Cette frégate avait une marche supérieure; elle atteignit promptement la *Piémontaise*. Le combat s'engagea. Trois fois les bâtiments le suspendirent; trois fois ils le reprirent avec une nouvelle ardeur. La frégate française avait vu son équipage déjà diminué de cinquante hommes dans les engagements antérieurs; elle succomba. Le chiffre de ses pertes était considérable : quarante-neuf tués et quatre-vingt-six blessés. Au nombre des morts se trouvaient deux enseignes et le premier lieutenant: Charles Moreau.

« Né à Jérémie dans l'île de Saint-Domingue, nommé lieutenant de vaisseau en 1805 (le 25 fructidor an XIII), Charles Moreau, avant d'embarquer sur la *Piémontaise*, avait fait un voyage de circumnavigation sur la corvette *le Naturaliste*, de 1801 à 1803. Il était marié à mademoiselle Joséphine-Anne-Madeleine Muraire, parente du premier président de la Cour de cassation, née à Paris, le 22 juin 1782. Un décret en date du 28 mai 1809 accorda à madame Moreau une pension annuelle de 800 francs. Ce décret fut rendu sur le rapport du ministre de la marine, rapport ainsi conçu : « Sire, le lieutenant de vaisseau Charles Moreau a été tué « le 8 mars 1808 dans un combat soutenu par la frégate de Votre « Majesté *la Piémontaise* contre le *San-Fiorenzo*. Au moment de « sa mort, cet officier comptait dix ans environ de service... Ses « talents, son courage, *sa noble ambition*, donnaient les plus grandes « espérances. Le sieur Moreau laisse une veuve et un enfant en bas « âge. »

CHAPITRE XIII.

LES DERNIERS JOURS DE LA MARINE GRECQUE.

La cause d'Athènes était irrévocablement perdue. Après une défaite si grosse de conséquences, Conon ne se hasarde pas à braver la colère de ses concitoyens ; il laisse le vent du nord l'emporter jusqu'à Chypre. Un allié fidèle, Évagoras, accueille le fugitif et n'hésite pas à ouvrir les ports où il commande aux trières vaincues. La *Paralos* cinglait, pendant ce temps, à toutes voiles et à toutes rames vers Athènes. Elle y arrive de nuit. La fatale nouvelle court de bouche en bouche. Tout était à craindre, car Athènes pendant cette longue guerre n'avait épargné aucun des petits États qui, à diverses reprises, faussèrent, pour passer à Sparte, la foi jurée. La loi du talion allait-elle l'atteindre? L'application de cette loi eût été pour ses habitants la mort ou l'esclavage. Dans cette extrémité, Athènes se retrouva. Les premiers instants de consternation passés, les larmes données à ceux qui n'étaient plus, on ne s'occupa que des préparatifs de résistance. Les factions se turent, les rangs de l'armée s'ouvrirent à tous les citoyens sans exception; à aucun d'eux on n'eut alors l'idée de demander quel avait été son parti ou quel était son âge. Tombée sur le champ de bataille, Athènes, comme le guerrier dont nous parle le poëte, « secouait sa poussière, niait sa chute et ne songeait qu'à revenir à la charge ». Lysandre cependant recueillait de tous côtés les fruits de sa victoire. Il reprenait Chalcédoine, il rétablissait un harmoste lacédémonien à Byzance. Quand il eut rendu la ville d'Égine aux Éginètes, l'île de Milo aux Méliens; quand il eut ravagé l'île de Salamine et effacé partout la trace de la persécution athénienne, il vint mouiller devant le Pirée à la tête de cent cinquante vaisseaux. Pausanias, l'un des rois de Sparte, l'attendait, campé depuis quelques jours déjà sous les murs d'Athènes. A la voix de Lacédémone, les Péloponésiens s'étaient levés en masse; chacun accourait à la vengeance et à la curée. La grande ville fut ainsi investie par terre et par mer, Il ne lui restait plus ni vaisseaux, ni alliés, ni vivres; elle résista quatre mois et ne capitula que devant les horreurs de la famine. Après de longs débats, la paix fut enfin accordée; mais à quelles conditions! Athènes en avait, dans l'ivresse de ses premiers triomphes, imposé à ses ennemis de plus dures ; cependant elle ne s'était jamais défendue de l'espoir que la Grèce ne la traiterait pas comme un de ces États sans passé, qui n'ont pour les protéger ni l'éclat de grands noms, ni l'égide de services rendus. Dans sa pensée secrète, le souvenir de Marathon et de Salamine devait encore la couvrir et désarmer jusqu'à un certain point l'inimitié du Péloponèse. Cette illusion tomba quand Théramène et les autres négociateurs revinrent de Sparte. Il fallait « raser les longs murs et les fortifications du Pirée, livrer les vaisseaux, à l'exception de douze, rappeler les bannis, se résigner à ne plus avoir d'autres amis et d'autres ennemis que ceux des Lacédémoniens ». Quelques citoyens voulurent se révolter contre ces exigences; la majorité, une majorité écrasante, étouffa leur voix. Pouvait-on tenir plus longtemps quand déjà les morts se comptaient chaque jour par centaines? Y avait-il intérêt à payer de nouveaux sacrifices un délai que tous savaient devoir rester sans issue? On se soumit, et la paix fut signée. Lysandre alors aborda au Pirée; les exilés y rentrèrent avec lui. Ce ne fut pas, hélas! comme Athènes avait peut-être le droit de s'y attendre, le *jour triste;* ce fut le *jour joyeux.* « Les murs, dit Xénophon, furent abattus au son de la flûte avec une grande ardeur, et la Grèce tout entière célébra le jour qui les vit tomber comme l'avénement de sa liberté. »

La Grèce se trompait : le triomphe éphémère de l'oligarchie ne fonda rien, pas même la puissance de Sparte. Alcibiade et Lysandre disparurent : Alcibiade, assailli par ordre de Pharnabaze dans un village de Phrygie ; — il avait alors quarante ans — Lysandre, mortellement blessé dans une escarmouche contre les Thébains, sur les bords du lac Copaïs. Des acteurs principaux de la guerre du Péloponèse, il ne resta plus bientôt que Thrasybule et Conon : Thrasybule, qui chassa sans peine les trente tyrans le jour où Pausanias cessa de leur prêter l'appui d'une garnison lacédémonienne ; Conon, qui prit dans les eaux de Cnide la revanche d'Ægos-Potamos, en se plaçant avec Pharnabaze à la tête de cette fameuse flotte phénicienne, si longtemps promise à Sparte et mise enfin au service du relèvement inespéré d'Athènes. Bien des chemins conduisent les nations à la mort ; il en est un pourtant qui les y mène plus vite que tous les autres : l'ingratitude avait perdu Athènes ; ce fut par l'ingratitude que Sparte passa, en quelques mois, du triomphe à la déchéance. Athènes s'était montrée ingrate envers ses généraux ; Sparte crut pouvoir être impunément ingrate envers son allié ; elle mordit la main qui prodiguait naguère à Lysandre et à Mindaros les subsides. L'expédition des Dix-Mille lui avait révélé la faiblesse de l'Asie; devançant Alexandre, elle envoya son roi Agésilas faire la guerre au maître de Pharnabaze et de Tissapherne, au souverain qui venait de triompher de Cyrus, au successeur de Darius II, au roi des Perses Artaxerce Mnémon. Sparte avait pris le goût des richesses, et ses généraux n'étaient plus assez sûrs pour qu'on leur confiât le transport du butin. Gylippe, le grand Gylippe lui-même, le compagnon d'Hermocrate, le sauveur de Syracuse, fut, peu de temps après la bataille d'Ægos-Potamos, accusé d'avoir frauduleusement décousu les sacs remis à ses soins par Lysandre, et d'en avoir soustrait un certain nombre de talents. Pour un pays qui avait fait de la pauvreté volontaire la base de l'état social, pareille conduite était d'un fâcheux exemple. La corruption se gagne comme la peste, et de tout temps l'une et l'autre ont eu leur siége en Asie. Agésilas cependant faisait de rapides conquêtes quand Artaxerxe prit le parti de confier le commandement de ses forces maritimes à Conon. Vainqueur des Lacédémoniens à Cnide, Conon courut les mers et fit soulever les îles. Artaxerce, de son côté, envoyait de l'argent en Grèce. Menacée d'une coalition générale, Sparte se voit obligée de rappeler Agésilas;

quelques années plus tard, en l'année 387 avant Jésus-Christ, elle conclut avec Artaxerxe Mnémon le honteux traité d'Antalcidas. Les colonies grecques de l'Asie sont enfin replacées sous le sceptre des Perses ; la revanche des successeurs de Darius est complète. Sparte, qui désavouait jadis avec tant d'indignation Astyochos, ne trouve que des éloges pour Antalcidas. L'abaissement des caractères a été prompt.

Laissons les Grecs achever mutuellement leur ruine ; ne parlons ni de Pollis, l'amiral de Sparte, ni de Chabrias, le navarque d'Athènes. Pollis avait cependant « un éperon armé de fortes dents de fer », et tuait les stratéges ennemis « de sa propre main ». Chabrias ne l'en battit pas moins et rentra en triomphe au Pirée. Ce fut le premier avantage remporté par des vaisseaux athéniens sur la flotte de Lacédémone depuis la guerre du Péloponèse. Et Timothée, et Nicolochus, et Mnasippe, faut-il n'en rien dire? Timothée, c'était un autre Fabius. Il avait vaincu Nicolochus ; il allait probablement vaincre Mnasippe quand on le déposa, « impatienté de ses sages lenteurs ». Il eut pour successeur Iphicrate. Ah ! par exemple, Iphicrate, je ne puis le passer sous silence. Ce nouvel amiral se hâta de grossir sa flotte de tous les vaisseaux qu'il put trouver dans les divers ports de l'Attique. Il y joignit les deux galères sacrées et, avec soixante-dix vaisseaux, se dirigea vers Corcyre. Bien d'autres, depuis l'origine de la marine grecque, avaient fait le voyage du Pirée aux Sept-Iles, mais nul ne sut, comme Iphicrate, profiter de la traversée même pour se préparer au combat. « Il ne voulut point se servir de ses voiles, quoiqu'il eût le vent favorable »; il n'employa que les rames et, sans se détourner de sa route, exerça ainsi ses matelots. C'est tout un traité de manœuvre que ce seul passage des *Helléniques* de Xénophon. Nous y apprenons d'abord que les trières avaient deux jeux de voiles, absolument comme les galères du dix-septième siècle. Iphicrate laisse ses grandes voiles à terre et n'emporte que le petit jeu. Il fait voguer généralement par quartier, de façon que ses rameurs puissent se reposer à tour de rôle. Les signaux, — *tà simia,* — lui servent de jour à faire évoluer sa flotte. Il la forme en ligne de file, la déploie sur une ligne de front, la concentre en phalange. M. Du Pavillon ne se faisait pas mieux comprendre de la flotte de d'Orvilliers. Pour exciter l'ardeur de ses chiourmes, pour les dresser aux luttes de vitesse, Iphicrate a trouvé un excellent moyen : l'heure du repas venue, il conduit ses vaisseaux au large, rangés, beaupré sur poupe, les uns dans les eaux des autres. Par un mouvement de contre-marche, la ligne s'est développée parallèlement au rivage. Attention! voilà le signal qui monte : « Ordre à la flotte de pivoter tout à la fois de 90 degrés sur la droite, en d'autres termes de faire par le flanc droit. » Le mouvement s'exécute; tous les vaisseaux ont maintenant la proue tournée vers le rivage. Le moment d'aller dîner est venu : « A terre, mes enfants, à terre! Partez tous ensemble, et honneur à qui arrivera le premier. » Le prix de la joute n'est pas à dédaigner. Ce prix, c'est le droit d'avoir un accès privilégié à l'aiguade. Les instants accordés au repas sont comptés; il importe donc de n'en pas perdre, et ceux qui ne pourront remplir que les derniers leur marmite courent fort le risque d'être obligés d'avaler les morceaux doubles. Iphicrate ne craignait pas, grâce aux mesures de précaution qu'il savait prendre, de s'arrêter en pays ennemi pour y faire dîner ou souper ses équipages. Jamais il ne lui est arrivé d'être surpris. Il commençait par donner l'ordre de dresser les mâts et d'envoyer sur chaque navire un homme en vigie, « un homme à la penne », disait-on au temps de don Juan d'Autriche. Du haut de ces observatoires les guetteurs découvraient une assez grande étendue de terrain pour qu'on eût tout le temps de se rembarquer avant que l'ennemi signalé arrivât sur la plage.

Point de feux dans le camp la nuit; les abords du camp éclairés au contraire. Les rôdeurs n'entrent pas volontiers dans ces cercles de lumière qui les peuvent trahir; de plus, en cas d'attaque, on sait mieux à quelle troupe les grand'gardes vont avoir affaire. Ce n'est pas seulement de tactique navale que s'occupait Iphicrate. On lui doit aussi de nombreuses réformes dans l'armement. Il allongea la lance et l'épée, en même temps qu'il diminuait la surface du bouclier. Bien que les Grecs aient eu, dès le temps d'Homère, la prétention d'être bien chaussés, jamais leurs soldats n'avaient porté chaussure aussi légère, aussi facile à dénouer que celle qui fut inventée par Iphicrate et qui en reçut très-justement le nom d'*iphicratide*.

Quand les mœurs militaires commencent à faiblir, quand la plante humaine peu à peu dégénère, ces organisateurs minutieux, ces généraux de second ordre, qui savent appliquer leur esprit aux moindres détails, rendent de grands services. Cependant je mettrais plus volontiers encore ma confiance dans un stratége qui aurait toutes les qualités que Xénophon prête au Lacédémonien Téleutias. Voilà un nom que je n'avais jamais entendu prononcer et qui me paraît bien mériter pourtant qu'on s'y arrête. Quand Téleutias remet le commandement à Hiérax, « il n'est pas un des soldats qui ne veuille lui serrer la main ; l'un le couvre de fleurs, l'autre l'entoure de banderoles ; ceux qui arrivent trop tard, au moment où le vaisseau s'éloigne, jettent des couronnes dans la mer et prient les dieux de veiller sur leur chef ». Les Spartiates éprouvent un revers : de qui font-ils choix pour le réparer ? De ce même Téleutias qui, au dire de Xénophon, ne s'est encore fait remarquer « ni par de grands périls courus, ni par des ruses de guerre remarquables », mais qui, pour tout secret et pour tout mérite, a su conquérir l'affection de ses troupes. Téleutias arrive sans argent pour prendre le commandement d'une flotte indignée de n'être pas payée depuis de longs mois ; son nom seul a transformé les visages ; les matelots témoignent hautement leur joie et se déclarent prêts à le suivre. « Soldats, leur dit Téleutias, ma porte jusqu'à présent vous a toujours été ouverte ; ce n'est pas aujourd'hui qu'elle pourrait vous être fermée. Avez-vous des réclamations à m'adresser? Je suis prêt à les entendre. Vous savez bien qu'avant de songer à ma subsistance, je me serai occupé de pourvoir à la vôtre ; je préférerais rester deux jours sans vivres plutôt que de vous voir en manquer un seul jour. Les Barbares nous refusent leurs subsides ; apprenons à nous en passer. L'abondance qu'on se procure les armes à la main, aux dépens de l'ennemi, est la seule qui convienne à des hommes libres. » Cette abondance, où Téleutias compte-t-il donc aller la chercher? Au Pirée même! Au Pirée, avec douze trières, car Téleutias ne veut compromettre dans cette expédition que douze vaisseaux. Oui, au Pirée! et tout est admirablement calculé pour que l'aventure réussisse. Téleutias sait qu'une fois mouillés dans le port, les triérarques s'y croient en sûreté et ne s'astreignent plus à coucher à bord; les matelots même se dispersent à terre. Il part de nuit, et s'arrête à moins d'un kilomètre de l'entrée du Pirée. Dès que le jour se montre, il prend avec son vaisseau la tête de la colonne. Les Athéniens ne s'attendaient pas à une telle audace. Quand ils accourent en armes sur le rivage, les vaisseaux de Téleutias ont déjà fait main basse sur tous les vaisseaux de transport. Sous les yeux ébahis des hoplites et des cavaliers, les trières de Lacédémone emmènent à la remorque cet immense butin. Jamais coup de main ne fut plus heureux et plus prompt. Il y eut même, assure-t-on, des marchands et des triérarques enlevés dans leur lit au milieu du bazar. L'amiral Baudin surprit Vera-Cruz en 1838 : il ne montra pas alors plus de décision et n'obtint pas un plus complet succès.

Toute marine qui se garde mal est incontestablement une marine qui s'effondre. Les Athéniens n'en étaient pas sur ce point à leur première leçon. Déjà Gorgopas avait joué à Eunome un de ces « vieux tours de matelot » qu'il nous faudra rapprendre si jamais notre marine rentre en lice. Eunome le rencontra revenant d'Éphèse et le poursuivit jusqu'à Égine. Gorgopas fit la sourde oreille à toutes les provocations. La nuit venue, Eunome allume le fanal de sa galère capitane, donne l'ordre à ses vaisseaux de le suivre et se dirige vers les côtes de l'Attique. A peine est-il parti que Gorgopas se met dans ses eaux et le suit sans bruit. Au lieu de se servir de la voix pour donner le rhythme à la vogue, les céleustes frappent doucement des cailloux l'un sur l'autre. Eunome ainsi conduit, sans s'en douter, à l'aide du phare qui brille à son mât, deux escadres : la sienne et celle de Gorgopas. Au moment où il va jeter l'ancre, où déjà quelques-uns de ses vaisseaux commencent à s'amarrer au rivage, la trompette lacédémonienne se fait entendre. On fond sur ses trières, et avant qu'il ait pu se reconnaître, on lui en enlève quatre, qui font route pour Égine.

Tout passe, l'ascendant même le mieux affermi. On ne trouvera pas souvent une nation de canotiers comme le fut le peuple athénien. Il y avait près d'un siècle « que les fesses du pauvre Démos avaient fatigué à Salamine », et Démos, tout vieux qu'il pût être, maniait encore la rame et la lance avec vigueur. Cependant peu à peu ses grands hommes de mer prenaient le chemin des Champs Élysées : Thrasybule avait été tué en 390 dans les eaux de la Cilicie ; la guerre sociale, cette guerre qui rassembla, pendant trois années consécutives, contre Athènes les forces combinées de Chio, de Rhodes, de Cos et de Byzance, coûta la vie à Chabrias, envoya végéter dans l'exil Iphicrate et Timothée. Quand il fallut faire face à Philippe de Macédoine, monté sur le trône en 360, il ne restait plus que Charès. Charès, vieilli, ce n'était pas assez. On lui associa pour le commandement des troupes Lysiclès, et Lysiclès alla perdre, en l'an 338 avant Jésus-Christ, la bataille de Chéronée. On se relève d'une bataille perdue, on ne revient pas à la vie, quand une longue corruption a tari toutes les sources des vertus publiques. Il n'y avait plus place en Grèce que pour l'empire d'Alexandre ; mais l'empire d'Alexandre, c'est la fin de la Grèce ; c'est du moins pour nous la fin de la marine grecque.

Si nous ne tenions à borner ce récit, nous rencontrerions bientôt sous nos pas une autre marine, plus massive, plus puissante peut-être, construite avec les immenses ressources de l'Asie. Ce ne serait plus cette marine agile, intelligente, faisant à la manœuvre une si large part et tout à fait digne de nous offrir, avec sa tactique, son héroïque histoire comme un enseignement.

CHAPITRE XIV.

UN MOT SUR LE PASSÉ ET UN PROGRAMME POUR L'AVENIR.

Nous avons vu la marine grecque sur maint champ de bataille. Quelle idée nous faisons-nous maintenant des instruments qu'elle y amenait? On doit s'attendre à ce que j'exprime enfin sur ce délicat sujet ma pensée. Je ne la cacherai pas plus longtemps. Écartons d'abord de la question les vaisseaux de transport. Ceux-là eurent des qualités nautiques qui ne le cédèrent en rien à celles des hourques marchandes de tous les pays. S'ils avaient possédé la boussole, ils auraient doublé le cap de Bonne-Espérance ; il n'est pas même certain que, sans ce précieux secours, il n'aient pas accompli, du temps de Néchao, plus de six cents ans avant Jésus-Christ, le fameux périple tenté dans le sens opposé par Hannon. En tout cas, pour ma part, je les en déclare capables. Une jonque chinoise, — montée, il est vrai, par des matelots anglais, — est bien venue à Londres et en est repartie. Un paquebot de New-York est allé à la voile transporter son industrie dans le Yang-tse-kiang. J'aurais aussi bien cru un des bains flottants de la Seine en état de faire ce voyage. Le vaisseau de combat des anciens est tout autre chose que leur vaisseau marchand. Il est construit pour la lutte ; on ne l'a point bâti pour affronter la mer. Chargé jusqu'à couler bas d'équipage, n'ayant pas même de cale où déposer ses vivres, il est tout muscle. On a voulu qu'il pût se passer du vent, et, dans mainte circonstance, il le devance. Sa vitesse n'a d'égale que sa légèreté. On le tire à terre, on lui fait franchir les isthmes, on l'accoste à tous les rivages. Il marche en avant, en arrière ; il tourne sur lui-même avec une aisance et une promptitude merveilleuses. Que la trirème d'Asnières en fasse autant ! De plus, ce vaisseau si bien doué pour la marche et pour la manœuvre est ponté ; il l'est du moins sur tout l'espace qui doit couvrir et qui sert à protéger les rameurs. Le pont est la place d'armes des hoplites. Ils s'y installent pour lutter, en cas d'abordage, de pied ferme. Quant aux rameurs, ils sont, je le reconnais, divisés en trois classes : les thranites, les zygites et les thalamites. Ces trois classes n'ont pu, à mon sens, constituer que trois portions de la chiourme destinées à se relayer. Elles étaient distribuées, dans l'ordre où je les ai nommées, de l'arrière à l'avant. Les bancs qu'occupaient les thranites près de la poupe, les zygites au centre, les thalamites à la proue, étaient-ils de niveau? Y avait-il au contraire un ressaut à chacune des trois divisions de la vogue? Je n'y aurais point d'objection sérieuse, car de tout temps on s'est montré porté à enhucher les poupes, à surbaisser par contre les avants. J'inclinerais cependant à écarter cette concession même. La trière, suivant moi, n'a été qu'une pentécontore à couverte, et il est inutile d'introduire des complications dans sa charpente pour la mettre d'accord avec les textes que j'ai cités. Hérodote, Thucydide, Xénophon sont gens du métier; j'ai dans leurs renseignements et dans leurs expressions toute confiance. Pharnabaze me raconterait le combat de Cnide que je ne m'engagerais pas à prendre à la lettre ce qu'il m'en dirait. S'il chargeait un peintre de transmettre à la postérité le souvenir d'une aussi glorieuse journée, je n'en croirais pas aveuglément cet artiste, à moins qu'il ne fût Athénien. Quant aux sculpteurs et aux numismates, je leur laisserais volontiers les coudées franches; leur rôle n'est pas de représenter exactement les objets. Il y a de la science héraldique dans tout ce qui se confie au bronze ou à la pierre.

Les vases de terre cuite ne sont pas tenus à plus de fidélité. Je dois trop aux érudits, je leur ai fait trop d'emprunts, pour oser parler avec légèreté de leurs veilles; mais, de grâce, qu'ils examinent à nouveau, s'ils en ont le loisir, les textes sur lesquels leur opinion jusqu'ici s'est basée. Je leur soumets humblement mes doutes, mon sentiment même; si je me trompe, qu'on me ramène aux carrières; je veux dire aux vaisseaux modernes sur lesquels ma vie s'est passée [1].

Et la marine de l'avenir, n'en dirai-je donc rien en finissant? Ce n'est pas par de simples échappées que j'ai pu justifier suffisamment mon titre. La marine de l'avenir, ce n'est pas, veuillez me prêter sur ce point quelque attention, tel ou tel système d'architecture navale. La marine de l'avenir, c'est, dans ma pensée, celle qui peut ouvrir aux plus grandes armées la route des capitales. Vous faut-il du temps pour réaliser un dessein aussi ambitieux? prenez-en! prenez un siècle, prenez-en même deux:

[1] Un décret de la Convention nationale portant la date du 27 novembre 1792 m'est signalé par une obligeante correspondance de Bruxelles. Ce décret décerne une récompense au sieur Babu « pour la découverte des trirèmes des anciens ». La question serait donc vidée, s'il fallait croire la grande Assemblée, en cette question si controversée, infaillible; mais la Convention avait fort à faire au mois de novembre 1791, et le sieur Babu peut fort bien avoir abusé de son innocence.

rien ne presse ; mais soyez certains que le jour où un nouveau Napoléon paraîtra sur la scène, on en viendra là. En attendant, pourquoi ne ferions-nous pas un simple essai, un essai sur une échelle infiniment petite ? Le problème est facile à poser. Voici un régiment, un escadron, une batterie. Transportez-les, débarquez-les, rembarquez-les sur la première plage venue. Quand vous aurez réussi pour un régiment, pour un escadron, pour une batterie, la flottille ne sera pas construite, elle sera fondée. Vous en posséderez le type. Si ce type est introuvable, vous aurez du moins l'avantage de le savoir.

Est-ce à dire que je veuille réduire la marine moderne à cette poussière navale ? Si l'on interprétait ainsi ma pensée, je me serais bien mal fait comprendre. Nul n'est plus que moi convaincu qu'il n'est point d'opération dirigée contre le littoral ennemi qui ne suppose avant tout l'occupation de la mer. La flottille doit être couverte par la flotte. Il y a d'ailleurs un soin plus pressant que celui d'envahir le territoire des autres ; on a d'abord à protéger le sien. Établir la sécurité des passages, se porter en force à l'ouvert des grandes voies maritimes, tel est le premier devoir d'une marine qui veut affirmer sa prépondérance. Le commerce peut alors se poursuivre sans interruption, se poursuivre avec autant de confiance qu'en pleine paix ; les grandes pêches ne cessent pas de pourvoir à l'alimentation publique ; on reste en communication avec l'univers. Pour un pays refoulé par l'invasion sur lui-même, fut-il jamais rien de plus essentiel ? Vous avez fortifié Paris ; ni ses murailles, ni son héroïsme ne l'ont sauvé. Toulon, Brest et Cherbourg auraient pu, au contraire, devenir pour un temps indéterminé le refuge de l'indépendance nationale. Qu'on rende ces trois ports inexpugnables du côté de la terre, la marine saura bien empêcher que la famine ne vienne les livrer, comme elle a livré la grande capitale, à un ennemi qui fût demeuré, sans la famine, impuissant. La flotte, croyez-le bien, a cessé d'être un luxe ; elle peut devenir, en quelques années, le bras droit de la France. Plus j'étudie l'histoire, plus je me pénètre de cette vérité : sans Cadix, il n'y aurait peut-être plus aujourd'hui de nationalité espagnole. Et Scipion ! Et Agathocle ! Est-ce qu'ils ne nous ont pas laissé, eux aussi, quelque exemple à suivre ? Ayez foi dans la marine ! Donnez-lui, sans hésiter, tout ce que son importance réclame ! Ne la couronnez pas de tant de fleurs, mais ne mutilez plus ses cadres ! Savez-vous, dans ces cadres, ce qu'il dépendrait de vous, à l'heure du besoin, de faire entrer ? Une armée de matelots ? Mieux que cela, je pense : une population de canonniers! Grâce aux soins persistants d'une administration dont les vues n'ont certes pas manqué sur ce point de profondeur, il n'y aura guère de pêcheur français qui ne soit devenu, dans l'espace de dix ou douze ans, un canonnier de premier ordre. Nos ressources, on le voit, sont immenses; elles ne sont pas dispersées, comme celles de nos voisins, sur toutes les mers du globe; notre magnifique littoral nous les garde; sachons seulement en user!

L'Europe aujourd'hui est tout à la défensive. Chacun s'applique à combler ses rades, à hérisser ses côtes de canons, à semer l'entrée de ses ports de torpilles. Le beau profit si l'on doit être refoulé dans l'enceinte de ses arsenaux et enfermé, pour ainsi dire, au fond de sa tanière! *Rule, Britannia, rule the waves!* Donnez-moi le large, la possession incontestée de la haute mer, je vous tiendrai quitte du reste. Le large appartient aux gros bâtiments. Les gros bâtiments par malheur me paraissent avoir une fâcheuse tendance à se déshabituer des navigations d'hiver. Qu'on les ménage, rien de mieux; mais qu'on songe en même temps à trouver le moyen d'amariner leurs équipages. Je proposais naguère à l'amiral Rigault de Genouilly d'attacher un navire à voiles à chacun des bâtiments cuirassés de l'escadre. On eût pu de cette façon laisser impunément les colosses dormir sur leur lit de roses durant toute la saison des tourmentes. Les colosses auraient eu leurs grasses nuits, leurs journées sereines; les marins qui les montent n'en seraient pas moins demeurés capables d'affronter légèrement les épreuves dont se riaient autrefois nos pères. Bloquer l'entrée de l'Iroise ou l'embouchure tempêtueuse de l'Escaut, d'une extrémité de l'hiver à l'autre, pendant ces quatre mois noirs retranchés maintenant de nos exercices, a été jadis pour nos escadres, non pas tout à fait un jeu, mais du moins un péril accepté comme une de ces nécessités du métier devant lesquelles ne recule pas une marine sérieuse. Nous n'aurons pas toujours à couronner de nos pièces de marine des bastions, à faire campagne au sein de nos provinces envahies. Notre lot est de naviguer; apprenons de nouveau à naviguer dans les conditions les plus dures, et puisqu'il serait trop coûteux de nous vouloir aguerrir à bord de bâtiments dont la construction seule représente le budget de plus d'un État, aguerrissons-nous, — la chose est facile, — sur les vieux bâtiments qu'on est en mesure de nous prêter. Faisons notre éducation de soldats à bord des cuirassés, entretenons notre éducation de marins aux dépens de cette flotte proscrite qui s'en va dépérissant chaque jour sans profit. Il faut chasser le mal de mer de nos rangs;

prenons garde qu'il ne finisse par y élire domicile : nous ne serions plus que des hoplites du second ban. La Cochinchine et la Nouvelle-Calédonie nous ont rendu un grand service, — le plus grand qu'elles soient probablement appelées à nous rendre, — elles ont amariné, par les nécessités de leur ravitaillement, une portion notable de nos équipages ; occupons-nous d'amariner, sans plus tarder, le reste.

Si les peuples s'entendaient « pour suspendre leurs armes dans l'âtre, près de la crémaillère », il n'y aurait plus de guerre. Ce fut un instant l'espoir de la Sainte-Alliance ; on ne sait que trop avec quelle rapidité s'évanouit ce beau rêve. Il en est de la navigation comme de la guerre ; chacun est obligé de régler ses allures sur celles de son voisin. C'était sans doute un heureux temps que celui où « l'apparition de la grue traversant le ciel en longues files avertissait le pilote de démonter jusqu'aux premiers jours du printemps le gouvernail ». Mais ce temps est passé, et la marine moderne, dans sa force, n'a plus le droit de regarder aux saisons. Du moment que « les Lacédémoniens y vont de tout cœur », nous ne pouvons, comme les Béotiens, nous borner « à faire semblant de tirer ». La flotte qui se montrera la plus apte à braver la tempête, qui affrontera le mieux les parages difficiles et les nuits orageuses, sera, quelle que soit sa composition numérique, la première flotte du monde. Le vaisseau moderne est un cheval de sang ; il ne faut pas lui donner, par excès de prudence, les allures d'une rosse. Qu'il offre le combat à ce vent qui mugit, à cette mer démontée qui bouillonne, on verra bientôt de quel côté est la force et où Dieu, de nos jours, a mis sa puissance.

She walks the waters like a thing of life
And seems to dare the elements to strife.
Who would not brave the battle fire, the wreck,
To move the monarch of her peopled deck ?

Jean-Jacques était d'avis que l'appareil dont nous entourons, dans notre zèle, l'heure suprême, ne servait qu'à « nous avilir de cœur et à nous faire désapprendre à mourir ». Le bruit que nous faisons autour du moindre sinistre court bien mieux le risque de nous faire désapprendre à naviguer. La responsabilité du marin est assez grande déjà sans qu'on la vienne aggraver par des mièvreries ou par des dithyrambes. Encourageons l'audace, éveillons l'esprit d'entreprise, rassurons les trembleurs. Il est tel officier qu'une batterie chargée à mitraille ne ferait point pâlir, qui se trouble dès qu'il voit se dresser devant lui le fantôme du conseil de guerre. Ce n'est certes pas ma faute s'il en est ainsi. J'ai assez prêché la nécessité d'alléger le fardeau des responsabilités navales, j'ai assez montré à quel point le malheur me trouvait, en toute occasion, indulgent pour me croire fondé à signaler le germe délétère qu'un esprit inconsidéré de critique s'exposerait à introduire peu à peu dans nos rangs. On comptait autrefois ses naufrages avec presque autant d'orgueil que ses combats ; nos grands hommes de mer, les Duquesne, les Tourville, ne les comptaient plus, parce que leurs naufrages devenaient, comme leurs faits d'armes, trop nombreux : ce fut la grande époque. Il est vrai que des vaisseaux se construisaient et s'équipaient alors pour quelques centaines de mille francs ; avec le matériel qu'on nous confie aujourd'hui, la moindre avarie se chiffre par millions. Il est donc indispensable, je le répète, qu'on nous donne, pour nous faire la main, des instruments moins coûteux.

Ces questions que j'expose à chaque nouveau travail sorti de mes loisirs auraient été promptement saisies par les Athéniens ; je ne les aurais pas soumises sans quelque appréhension à l'appréciation du consul Duilius. Le consul m'aurait peut-être jeté brutalement son corbeau à la tête, et cependant je crois que sans les marins de Locres, de Thurium, de Tarente, sans ceux de Sélinonte et de Syracuse, son fameux corbeau n'aurait pas fait merveille. Je me propose d'y regarder un de ces jours de plus près. Pour le moment, je me contenterai de résumer ici des vœux qui ne sont que le complément du chapitre que j'intitulais en 1871 : *Institutions nécessaires*. Je demande avant tout une flotte de haut bord montée par des marins, et non pas seulement par des canonniers et par des soldats. A côté de ce puissant corps de bataille qui se tient dans les eaux profondes, je range l'*inland squadron*, la ligne des avisos destinée à serrer de plus près le littoral. C'est à cette escadrille que je réserve l'emploi de tous les moyens auxiliaires qu'on accumule aujourd'hui, sans se préoccuper du danger d'y apporter une confusion étrange et périlleuse, à bord de nos grands navires de combat. Nous avons une flotte de transport; je n'y renoncerais pas, car une pareille flotte peut servir à rapprocher la base d'opérations de la flottille. On sait que la flottille, — j'ai pris soin de le dire, — sera toujours astreinte, par son essence même, à de très-courtes traversées. La flottille d'ailleurs ne se charge que des soldats; elle laisse aux *onerariæ* le gros matériel et les vivres.

Mon programme est vaste; il peut toutefois tenir

dans quelques mots. Ce programme comprend : en premier lieu, une flotte de guerre qui soit en état de croiser pendant deux ou trois mois au large, sans avoir à renouveler sa provision de charbon ; une flotte par conséquent munie d'une voilure suffisante, une flotte que les tempêtes d'hiver n'obligeront pas à rentrer précipitamment au port. Éclairant cette flotte et la secondant au besoin, la grande escadrille des avisos constituera en quelque sorte l'avant-garde de l'armée navale. Cette escadrille, je la livrerai sans crainte à toutes les expériences, à toutes les innovations, que je désirerais, au contraire, écarter soigneusement de notre matériel blindé. Si l'on peut armer les avisos de torpilles, — torpilles de traîne, torpilles de choc, torpilles automotrices, — je m'en réjouirai et j'y verrai un notable avantage ; nos vaisseaux ne s'en trouveront ainsi que mieux flanqués. Enfin, dernier souhait, je dirai presque, si l'on veut bien excuser cette prétention, dernier espoir, couronnement longtemps attendu des vœux que j'ai nourris à travers les vicissitudes d'une carrière qui embrasse trois expéditions aboutissant à un débarquement, la flottille viendra prendre la place que les temps lui assignent, en arrière de la flotte de combat, en arrière de la flotte des avisos, en arrière même de la vieille flotte des transports. Cette flottille ne sera encore qu'une flottille d'étude, mais elle portera dans ses flancs le germe de la marine à laquelle je m'obstine à laisser, comme un heureux présage, le nom de marine de l'avenir.

LES TYRANS DE SYRACUSE.

CHAPITRE PREMIER.

LES QUINQUÉRÈMES.

La quinquérème est le vaisseau de ligne de l'antiquité; elle n'emploie pas moins de trois cents rameurs. La première quinquérème fut construite à Syracuse, en l'année 399 avant Jésus-Christ, par ordre de Denys le Tyran. On attribue généralement à Corinthe l'honneur d'avoir mis en mer la première trière; Syracuse, colonie corinthienne, ne peut revendiquer que la gloire d'avoir augmenté les dimensions du navire de combat. Ce fut une gloire peut-être; était-ce bien un avantage? Toute plage pouvait servir de port à la trière; la quinquérème ne gravissait pas avec la même facilité le talus. Surprise par la tempête, elle ne savait plus où se réfugier. Aussi les naufrages vont-ils prendre des proportions énormes : les combats, il est vrai, seront plus décisifs. Sur la question des quinquérèmes, je ne me crois pas tenu de montrer les ménagements qui ont suspendu l'expression de mon opinion lorsqu'il s'agissait des trières ; j'arbore ici, dès le début, mon pavillon. La quinquérème est pour moi une galère sur laquelle chaque aviron se trouve manœuvré par cinq rameurs. Entre le vaisseau qui part, l'an 398 avant notre ère, pour Locres, chargé d'en ramener à Syracuse la fiancée de Denys l'Ancien, la future mère de Denys le Jeune, et la *réale* que le régent de France envoie, au mois de mai 1720, conduire de Marseille à Gênes sa fille, mademoiselle de Valois, fiancée au prince héréditaire de Modène, mon esprit ne découvre pas de différence. Je partage complétement, au sujet des vaisseaux longs des anciens, l'avis d'un éminent critique du dix-huitième siècle, M. Deslandes : « Si des étages eussent été couverts l'un par l'autre, comme ceux d'une maison, en ne donnant pour chaque étage que quatre pieds et demi de hauteur, la quinquérème aurait eu vingt-deux pieds et demi d'œuvres mortes ; les rames les plus élevées auraient dû sortir de cinquante pieds pour porter dans l'eau. A ce chiffre il faut ajouter la partie intérieure qui eût été le tiers de la partie extérieure, — soit dix-sept pieds environ. — La longueur totale de la rame eût donc été de soixante-sept pieds. Les rames de nos plus grandes galères n'ont jamais dépassé trente-six ou quarante pieds. »

La marine des quinquérèmes n'est pas une marine démocratique; on pourrait l'appeler à juste titre la marine des patriciens et des despotes. Le cardinal-duc, — c'est ainsi qu'on désignait encore dans nos arsenaux, à la fin du dix-septième siècle, l'incomparable ministre de Louis XIII, — imita l'exemple du tyran de Sicile. Trois ou quatre rameurs maniant une seule rame ne lui parurent pas, « pour les galères du Roy », un armement suffisant; il lui fallut cinq rameurs au moins pour les galères subtiles, six pour les patronnes et sept pour les réales. Un état conservé dans nos archives, et qui porte la date de 1639, alloue au cardinal 48,000 livres « pour l'entretènement d'une galère *septirame* qui n'était ci-devant que *quinquérame* ». Le même état attribue 42,670 livres à Charles Daumont, seigneur de Chappes, « capitaine ordonné pour commander la galère *la Régine,* appartenant à la Royne, mère du Roy, pour l'entretènement de ladite galère *sextirame* qui n'était en devant que *quatrirame* ». Les capitaines des galères subtiles, devenues de *quatrirames quinquérames,* reçurent également un notable accroissement de solde; 32,000 livres par an leur furent assignées pour l'entretien d'un navire qui,

« outre les gens de guerre », dut comprendre, à dater de ce jour, un équipage de trois cents rameurs au moins. La chiourme des réales, galères de vingt-neuf bancs et de quarante-cinq mètres de longueur, se trouve portée par le même édit au chiffre de quatre cent vingt hommes. Je n'imagine pas que le tyran Denys, quand il se proposa d'introduire un type nouveau dans la composition de sa flotte, ait fait faire un progrès d'autre sorte à la vieille architecture navale. Ses *quinquérèmes* ou *pentères* ne furent probablement que des trières agrandies. Le nom qu'il leur donna indique bien, à mon sens, la portée de la modification : la forme du navire ne fut point altérée ; il n'y eut de changé que les dimensions de la coque et la force numérique des équipages.

Nous connaissons, à un homme près, l'effectif des galères modernes. Cet effectif nous permettra de juger, par un rapprochement très-plausible, de l'armement que dût affecter Denys l'Ancien à ses quinquérèmes. Lorsqu'au mois d'août 1752, une escadre de quatre galères commandée par le chevalier de Cernay reçut une mission analogue à celle qu'avait accomplie, au mois de mai 1720, le chevalier d'Orléans, fils naturel du régent, grand prieur de France, abbé d'Hautevilliers et général des galères, de l'année 1716 à l'année 1748, une revue administrative eut lieu dans le port d'Antibes. Sur la galère *la Reyne*, destinée à transporter S. M. l'infante duchesse de Parme, se trouvait alors embarqué, outre le chevalier de Cernay, chef d'escadre, le capitaine même de la galère, M. le chevalier de Glandevès. L'état-major se composait de 3 lieutenants et de 3 enseignes, de 3 écrivains ou commis, d'un aumônier, d'un chirurgien et de 17 gardes de la marine. L'équipage comprenait 33 officiers mariniers, 5 tambours et hautbois, 73 matelots, 19 domestiques, 79 soldats, 11 pertuisaniers, 11 proyers ou mousses; la chiourme employait 403 rameurs — 363 forçats et 40 Turcs. — Fixé au chiffre de 665 hommes, l'effectif total de cette septirame était donc à peine inférieur à l'effectif de nos grandes frégates cuirassées. La *Brave*, la *Hardie*, la *Duchesse*, n'étaient que des quinquérames; 453 hommes, dont 266 forçats, occupaient les bancs de ces galères subtiles et en garnissaient les arbalétrières. Ainsi donc, on le voit, pour ramener de Gênes à Antibes Madame Royale et sa suite composée de quarante-neuf personnes, parmi lesquelles nous ne remarquerons pas sans quelque étonnement un médecin-accoucheur et un chirurgien-dentiste, il ne fallut pas, en un temps où nos finances étaient loin d'être prospères, mettre en mouvement moins de deux mille trente hommes.

C'est à peine si, aux jours de notre suprême richesse, on nous vit déployer plus de pompe lorsque nous envoyâmes, en l'année 1859, pour l'escorter de Gênes à Marseille, deux vaisseaux de quatre-vingt-dix et une frégate de cinquante-deux canons au-devant de la jeune princesse que nous confiait l'illustre maison de Savoie.

Quinquérèmes et vaisseaux à vapeur sont aujourd'hui de vieilles lunes. En 1752, les quinquérèmes chantaient leur chant du cygne et donnaient à regret leur dernier coup d'aviron. Les demi-galères, les galiotes à quinze bancs, ces trières modernes particulièrement chères aux Barbaresques, survécurent quelque temps encore aux massives réales. A vrai dire, je crois qu'elles méritaient bien quelque peu de leur survivre. Tout aussi agiles et plus manœuvrantes, elles rendaient surtout à moins de frais les services qu'on avait conservé l'habitude de demander, en de rares occasions, aux galères. Qui sait si même, au point de vue du combat, la construction de la quinquérème et surtout celle de ses dérivées, l'octère et la décère, ne fut pas une faute? L'étude approfondie de la bataille d'Actium nous servirait peut-être à éclaircir ce point.

Tout est à méditer dans la guerre navale, surtout à une époque de révolution scientifique. Dieu veuille que l'avenir ne réserve pas à nos monstrueux léviathans quelque leçon semblable à celle qui fut infligée à la flotte d'Antoine par les liburnes d'Octave!

CHAPITRE II.

LES DÉBUTS DE DENYS L'ANCIEN.

Quand on se propose « de faire grand », on s'expose à faire quelquefois démesuré. Le génie n'est-il pas, par lui-même, une exagération? Aussi le législateur antique ne le considérait-il que comme un germe périlleux destiné à faire éclater tôt ou tard la cité. « Les grands hommes, prétendait Solon, sont la ruine d'un État. » C'est pour maintenir dans la cité de Minerve une sorte de végétation rabougrie que ce prudent esprit inventa l'ostracisme. Le résultat, par bonheur, ne répondit point complétement à son attente. L'ostracisme ne fonctionnait pas, comme l'élection, à des époques prévues et déterminées d'avance ; il fallait que quelque orateur prît sur lui d'en venir réclamer l'application. « Ne vous semble-t-il pas, disait cet amant jaloux de l'égalité au peuple devenu plus que jamais attentif à sa harangue, qu'il y a déjà bien longtemps que nous avons émondé notre jardin? J'aperçois d'ici plus d'une tige ambitieuse qui m'inquiète; un bon coup de faux, suivant moi, ne gâterait rien. » Sur cette motion, presque invariablement accueillie, les prytanes convoquaient d'urgence les tribus; les hérauts couraient sur les bords du Céphise, sur le penchant méridional du Parnès, arrachaient les cultivateurs à l'exploitation de leurs terres, à la surveillance de leurs ruches, de leurs plantations de vignes ou d'oliviers, et les poussaient tout haletants vers Athènes. « Qui bannissons-nous aujourd'hui pour cinq ans? » Chacun prenait une coquille, un tesson de terre cuite, et y inscrivait le nom du citoyen dont il jugeait essentiel de débarrasser momentanément la communauté. Au centre de l'Agora se trouvait ménagé un espace circulaire qu'entourait une grille; dans l'intérieur de cette urne gigantesque les votants sont venus jeter l'un après l'autre leur bulletin; c'est aux magistrats maintenant de compter les suffrages. Y en a-t-il six mille? le peuple est en nombre pour prononcer son arrêt. Au-dessous de ce chiffre, le vote serait nul. Le triage s'opère, le nom du banni est proclamé. Les envieux respirent, et la cité est sauve.

Voilà, en vérité, une belle législation! Le peuple de Syracuse eut un instant l'idée de se l'approprier; il fit seulement l'économie des tessons. Ce fut tout simplement sur des feuilles d'olivier qu'à Syracuse on écrivit le nom du citoyen éminent dont l'heure était venue de rabaisser l'orgueil en lui faisant connaître les amertumes de l'exil. Le *pétalisme* était une institution d'origine étrangère; il ne réussit pas à s'acclimater en Sicile. Tout ce qui avait quelque indépendance de fortune, quelque valeur morale, s'éloigna des affaires publiques; « l'administration de l'État passa aux mains des sycophantes et des démagogues ». Bientôt il n'y eut plus de sécurité pour personne, plus de stabilité pour les institutions; le désordre, en quelques années, fut au comble. Les Syracusains se ravisèrent, et, en l'an 454 avant Jésus-Christ, ils prirent le parti de choisir entre deux maux le moindre; ils se résignèrent à garder leurs grands hommes. Les Athéniens furent plus tenaces. Si l'ostracisme ne se fût égaré, en l'année 416, sur Hyperbolos, Athènes n'eût probablement pas renoncé de sitôt à ce procédé sommaire d'exclusion qui flattait si bien ses penchants jaloux. Tant que la loi de Solon n'atteignit que des Aristide, des Cimon, la malveillance y trouva son compte; lorsqu'on la vit frapper « un éhonté, dit Plutarque, un pervers dédaigneux de l'opinion jusqu'à demeurer insensible à l'infamie », on craignit que le but ne finît par être dépassé. L'ostracisme se discréditait. Qui voudrait donc encore se charger des vilaines besognes? qui viendrait désormais humilier, calomnier les meilleurs citoyens? Traité en grand homme, Hyperbolos se rengorge. Soupçonnerait-on par hasard ce turbulent fabricant de lanternes d'aspirer à la tyrannie? On le croit donc de taille à jouer le rôle d'un Pisistrate? Et pourquoi pas, après tout? Syracuse, presque à la même époque, ne se courbe-t-elle pas sous le joug d'un scribe avant de subir celui d'un potier? Je ne trouve pas juste, quant à moi, de chicaner sur son origine l'homme assez heureux pour justifier par de réels services son élévation. Qu'il s'appelle Masaniello, Ivan IV ou Denys, du moment qu'il chasse l'étranger, je l'absous. Je n'ai pas, vous pouvez m'en croire, un goût beaucoup plus vif qu'Harmodius ou qu'Aristogiton pour la tyrannie; mais quand le ciel se couvre, quand la mer, sourdement gonflée, grossit et se soulève, je ne me sens guère à l'aise sur un navire « qui navigue à la part ». Denys l'Ancien et Ivan le Terrible ont exercé le pouvoir dans un jour de tempête : il est fort heureux qu'ils n'aient pas permis au premier venu de porter la main sur le gouvernail.

Que les hordes affamées viennent du désert ou du pays des neiges, béni soit celui qui les tient à l'écart! « En Sicile, dit Homère, l'orge et le froment n'attendent pas la semaille pour donner leurs moissons. » La Libye ne reçut pas des dieux le même privilége. Les vastes plaines qui confinent à l'Atlas étaient encore incultes quand les Carthaginois se jetèrent comme une nuée de sauterelles, vers l'année 480 avant notre ère, sur l'île des Sicanes, sur cette île si prodigieusement féconde, dont les colonies grecques se contentaient d'occuper les bords. Ils y débarquèrent au nombre de trois cent mille hommes, affirme un historien, de cent mille seulement, prétend un autre auteur. Gélon les extermina. La Sicile n'en vécut pas moins, à dater de ce jour, sous la menace constante de quelque irruption désastreuse. Pour assaillir l'opulent territoire, les Carthaginois n'avaient qu'un détroit large à peine de soixante-dix-sept milles marins à franchir. Ces colons de la Phénicie se trouvaient en possession de la plus magnifique flotte de transport qui eût jamais existé; ils étaient infiniment moins riches en navires de combat. La hardiesse même de leurs entreprises commerciales les inclinait vers la marine à voiles. Ce n'est pas avec des trières qu'ils seraient allés chercher l'argent de l'Ibérie et l'étain des Iles-Britanniques. En mesure de verser à tout instant l'Afrique sur la Sicile, de charger sur deux mille vaisseaux leurs chars, leurs cavaliers, leurs machines de guerre, les Carthaginois demeuraient à court quand il leur fallait escorter ces immenses convois. Les grandes navigations ne forment pas des rameurs, et Carthage, sur ce point, fut longtemps inférieure aux villes de la Trinacrie. Fort heureusement pour le succès des armes carthaginoises, ces villes, fondées par des migrations venues de diverses parties de la Grèce, vivaient fort divisées. Égeste avait appelé les Athéniens à son aide; quand les Athéniens eurent été battus, elle sollicita l'intervention de Carthage. En l'année 409, le fils de Giscon détruisit Sélinonte et Himère. Trois ans après, ce fut sous les murs d'Agrigente que le même général débarqua son armée. Il arriva d'Afrique avec une innombrable horde de Libyens, de Phéniciens, de Numides, de Maures, d'habitants de la Cyrénaïque et d'Ibères. Agrigente était une ville de deux cent mille âmes; les Carthaginois l'assiégèrent huis mois avant de la prendre. Le fils de Giscon succomba, durant ce long siége, à une maladie contagieuse; son collègue, Imilcon, réduisit l'infortunée cité, dont les ruines attestent encore l'effroyable catastrophe et la magnificence.

Le désastre d'Agrigente répandit l'effroi dans toute la Sicile. Ce n'était plus pour la liberté, c'était pour la vie qu'il fallait désormais combattre. La cruauté punique était un bien autre danger que l'ambition athénienne. La paix a ses douceurs; quand elle conduit les hommes au supplice de la croix, les femmes au déshonneur, les enfants à l'esclavage, on est tenté de la rendre responsable des calamités imprévues qu'une génération plus imbue de l'esprit militaire eût peut-être réussi à conjurer. Les plus fortes murailles, — l'exemple d'Agrigente en faisait foi, — ne procurent qu'une sécurité précaire. Agrigente expirait étouffée dans son luxe; le caporalisme de Sparte l'aurait très-probablement sauvée. Dès la première annonce du péril, c'était à Sparte que la malheureuse ville avait demandé des généraux; les généraux que Sparte lui envoya la défendirent avec indifférence. La haine d'Athènes, en l'année 416, stimulait leur zèle; la république oligarchique des Carthaginois ne leur faisait même pas ombrage. S'ils eussent écouté leurs sympathies secrètes, ce n'est assurément pas du côté de la démocratie sicilienne que leur instinct les aurait rangés. Le danger touchait de plus près Syracuse, et cependant Syracuse ne sut pas complétement oublier qu'aux jours où Nicias campait sous ses murs, Agrigente avait paru sourire à sa ruine prochaine. Les Syracusains se portèrent donc sans la moindre ardeur au secours de la grande cité rivale. L'épouvante causée par la férocité d'Imilcon leur ouvrit enfin les yeux et leur fit comprendre toute l'imprudence de leur égoïsme. Le peuple alors se souvint d'Hermocrate. On peut éteindre à plaisir un flambeau et le rallumer; il faut y regarder à deux fois avant de supprimer un grand homme. Les larmes et les regrets ne le rappelleront pas à la vie. Tous les partisans de l'illustre patriote, par bonheur, n'avaient pas été enveloppés dans son destin funeste. Le plus jeune et non pas le moins énergique, Denys, s'était sauvé du tumulte, criblé de blessures; son obscurité même lui permit de rentrer, peu de temps après, dans Syracuse. Il était au nombre des soldats tardivement envoyés au secours d'Agrigente. Si Denys n'eût eu en partage que la bravoure d'un héros, il eût probablement végété dans les bas rangs de l'armée; le ciel lui avait, de surcroît, donné l'éloquence; avec l'éloquence et le courage on peut toujours se faire un marchepied des malheurs publics. Les factions prenaient d'ailleurs la peine de déblayer sous ses pas le terrain; nulle supériorité ne se dresserait devant son ambition pour lui barrer la route : le champ était libre. Denys s'y élança, tout rempli de l'ardeur d'un aventurier qui n'a rien à perdre. Il ne vit que le but auquel, si les dieux le favorisaient, il pouvait atteindre, et ce but était, dans sa pensée, la libération plus encore peut-être que l'asservissement de sa patrie. L'asservissement, en effet, quand l'ennemi est aux portes et l'anarchie en dedans des murs, pourrait bien mériter de s'appeler le salut.

Le fâcheux côté de ces entreprises, c'est qu'on les accomplit rarement sans porter une funeste atteinte à la morale publique. Comment acquérir de l'influence sur le peuple, si l'on ne se résigne avant tout à caresser ses passions haineuses et à paraître épouser ses soupçons? Le peuple de Syracuse était en proie à une inquiétude vague; Denys accusa les généraux de vouloir livrer l'État aux soldats de Carthage; il dénonça du même coup les principaux citoyens, de tout temps soupçonnés de rêver le triomphe de l'oligarchie. « Ce ne sont pas, dit-il à la multitude, les personnages les plus distingués par leurs richesses ou par leur naissance qu'il convient d'appeler au commandement des armées; les meilleurs généraux, ce seront les généraux *les mieux intentionnés.* » Sur ce conseil, le peuple prend feu et choisit d'emblée d'autres chefs. Naturellement Denys est du nombre. L'habile démagogue se garde bien de se confondre avec ses collègues; il les tient à distance et les laisse combiner leurs plans à loisir. Quand ces plans sont à la veille de s'exécuter, Denys les déclare tout d'abord détestables. « Cette fois encore, le peuple a eu la main malheureuse; ce sont de nouveaux traîtres que, pour sa perte, il vient d'élire. » Oh! le vigilant défenseur qu'a rencontré l'État! Combien ce peuple, dont il protége en toute occasion la simplicité confiante, ne lui doit-il pas de reconnaissance! Denys cependant se trouve trop isolé dans Syracuse. La multitude l'écoute, la multitude l'acclame; seulement, la multitude est sujette à de soudains caprices, et ses idoles ont toujours chancelé sur leur piédestal. Il faut une base plus sûre à cette jeune ambition, qui se pique avant tout d'être prévoyante. Denys songe à rouvrir les portes de Syracuse aux bannis qui furent jadis, avec lui, les compagnons d'Hermocrate, bannis dont il a bien pu seconder les projets aux jours des grandes et généreuses espérances, mais dont il lui parut inutile, quand survint la déroute, de partager la mauvaise fortune. Cette troupe de proscrits, incessamment grossie par de nouvelles rigueurs, formait presque une armée. « Eh quoi! s'en allait déclamant en tous lieux Denys, on fait venir d'Italie des soldats; on recrute des mercenaires jusque sur les côtes du Péloponèse, et l'on refuserait à des concitoyens, que nulle offre de Carthage n'a encore pu séduire, le droit d'accourir sous les drapeaux de la patrie menacée, et de verser ce qui leur reste de sang pour délivrer le sol natal de ses envahisseurs! » Le peuple ne tarde pas à reconnaître combien cette interdiction est à la fois impolitique et injuste; il se consulte un instant et abolit sur l'heure les décrets d'exil. Denys aura désormais pour garde les Syracusains auxquels il a rendu leur foyer.

Le moment est-il donc venu de jeter le masque? Un impatient le croirait : l'impatience a souvent compromis les plus belles parties; Denys ne commettra pas la faute de se mettre prématurément en campagne. Le trésor est vide : quelle figure ferait un usurpateur obligé de refuser, le lendemain de son avénement, la solde à ses troupes? L'impôt des riches est une ressource dont on pourra user à son heure. Commençons par chercher en dehors de Syracuse quelque mine encore vierge à exploiter. Les habitants de Géla se présentent tout à point pour sortir l'astucieux conspirateur d'embarras. Menacés par Imilcon, ils implorent avec larmes l'assistance qui n'a cependant pas sauvé Agrigente. Denys obtient sans peine qu'on fasse bon accueil à cette demande. Il se met à la tête d'un détachement de deux mille fantassins et de quatre cents chevaux. Le voilà introduit dans la place, entouré de forces suffisantes pour y commander en maître. Quel sera, pensez-vous, son premier soin? Va-t-il se hâter de courir aux remparts? La foule anxieuse n'attend que ses ordres pour se mettre à l'œuvre. Quelle brèche faut-il réparer la première? Quels travaux supplémentaires de défense convient-il d'élever? Le regard soupçonneux de Denys se dirige ailleurs.

Il doit y avoir des traîtres dans Géla, puisque Syracuse, malgré une épuration première, en est encore remplie. Les bons traîtres, ce sont toujours les riches. Que ferait le peuple des oreilles d'un chiffonnier? Les principaux citoyens de Géla n'échapperont pas à cette distinction fatale. Denys les fait sur-le-champ arrêter, condamner à mort et exécuter. Il n'y a plus maintenant, pour que leur supplice profite doublement à la république, qu'à vendre à l'enchère les biens dont une juste sentence les a dépouillés. Habitants de Géla, on vous a délivrés des sommités qui vous offusquaient; avant de songer à remplir vos coffres, occupez-vous de payer vos sauveurs! Denys se fait la part du lion dans le butin. Ce n'est pas pour lui qu'il se montre avide, c'est pour ses soldats. La bataille a été si rude! Les troupes, le jour même, reçoivent double solde; le camp est dans l'ivresse, et les gens de Géla peuvent dormir tranquilles, l'oligarchie ne relèvera pas la tête.

Denys n'a plus que faire dans cette ville pacifiée et tranquillisée en un clin d'œil; il reprend le chemin de Syracuse. Filles d'Israël, rassemblez vos palmes! Accourez toutes au-devant du berger! D'un seul coup de sa fronde, il a terrassé Goliath. Mais à Syracuse aussi, les magistrats font mollement leur devoir; s'ils ne sont pas vendus personnellement a l'ennemi, leur faiblesse n'en sert pas moins les desseins secrets de la trahison. Exercé dans des conditions pareilles, le commandement des troupes devient trop périlleux, Denys se démet de celui qu'on lui a confié. Perdre un tel général! le perdre, au moment où les Carthaginois, refaits pendant l'hiver, vont se mettre en marche et venir camper sous les murs de Syracuse! Le peuple ne permettra pas que le seul ami sincère qui l'ait invariablement assisté jusqu'ici dans ses peines l'abandonne en cette heure de péril extrême. Denys se plaint d'être mal secondé! Eh bien, que Denys commande seul! C'est parce qu'il commandait seul, que Gélon a vaincu jadis les Carthaginois dans les plaines d'Himère. Voilà le grand mot lâché; la tyrannie est plus d'à moitié faite. A l'âge de vingt-cinq ans, Denys devient, en quelques heures, le maître absolu dans Syracuse. Échappé au massacre d'une faction proscrite, ce scribe de génie a gardé trente-huit ans le pouvoir. Je ne m'occuperai qu'en passant de son administration, je raconterai le plus brièvement possible ses campagnes; en revanche j'étudierai avec un soin tout particulier ses flottes et ses arsenaux.

CHAPITRE III.

LE SIÉGE DE MOTYE.

Avant de trouver dans Rome l'ennemi qui la devait détruire, Carthage fut deux fois mise en sérieux péril par les chefs démagogiques de la Sicile. Le trait particulier de cette lutte acharnée, qui ne dura pas moins de cent ans, c'est la facilité avec laquelle les deux partis contraires recrutaient des auxiliaires sur le sol même qu'ils venaient envahir. Les Libyens d'un côté, les Sicules de l'autre, jouèrent un rôle important dans ces agressions. Même après ses plus sanglantes défaites, Carthage n'en gardait pas moins des alliés et des places d'armes en Sicile. La pointe occidentale de l'île, de Palerme à Marsala, lui appartenait. Ce fut à la déposséder de ce territoire que Denys mit, dès le début, tous ses soins. Il ne prit cependant l'offensive que lorsqu'il crut avoir rendu, par des fortifications nouvelles, Syracuse imprenable. L'île d'Ortygie constituait la partie la plus forte de la ville; Denys l'entoura de murailles, et dans l'intérieur de cette première enceinte fit élever, à grands frais, une citadelle. On se souvient que, dans la guerre attique, Syracuse faillit être investie, d'un bras de mer à l'autre, par un mur de circonvallation. Pour prévenir le retour d'une pareille tentative, Denys jugea nécessaire de fortifier les Épipoles. Soixante mille ouvriers de condition libre, six mille couples de bœufs, achevèrent en vingt jours un travail qui n'avait pas moins de cinq kilomètres et demi de développement. Syracuse, nous l'avons déjà dit, possédait deux ports. La nouvelle enceinte enveloppa le petit port, situé au nord-est d'Ortygie. Cette darse pouvait contenir soixante trières; Denys en rétrécit l'entrée et n'y laissa passage que pour un vaisseau. Sur les bords de ce premier bassin il établit ses chantiers. Les versants de l'Etna étaient alors couverts de forêts de pins et de sapins; le tyran jeta sur ces pentes boisées une véritable armée de bûcherons. Les arbres abattus étaient sur-le-champ transportés à la mer; des barques les prenaient sur le rivage et les amenaient à Syracuse; ces mêmes barques allaient chercher des bois de construction jusqu'en Italie. Plus de deux cents navires furent mis d'un seul coup sur les chantiers; cent dix autres subissaient en même temps un radoub complet. Quand Denys eut une flotte, il s'occupa d'en prévenir, autant que possible, le dépérissement. L'habile politique fut, sous ce rapport, beaucoup plus prévoyant que Méhémet-Ali, l'infatigable et audacieux vice-roi, qui n'improvisa pas avec moins d'activité une flotte formidable, mais qui, après avoir construit ses vaisseaux avec du bois vert, s'étonna de les voir s'évanouir en quelques années dans ses mains. Tout le pourtour du grand port de Syracuse se garnit de magnifiques cales couvertes. Ces hangars étaient au nombre de cent soixante; chaque hangar contenait deux galères. Il existait déjà cent cinquante chantiers abrités; Denys les fit remettre en état. On reconnaît dans ces dispositions l'organisation qu'imita Venise au temps où le monde la proclamait la reine de l'Adriatique.

Il est plus aisé de fonder des arsenaux et de construire une flotte que de faire sortir de terre des équipages. C'est toujours là que les développements trop hâtifs s'embarrassent. Denys ne put donner qu'à la moitié de ses vaisseaux longs des pilotes, des céleustes, des rameurs recrutés parmi les citoyens de Syracuse; l'autre moitié fut montée par des étrangers dont le tyran de Syracuse s'assura les services par une solde élevée. A cette force navale il ne manquait plus qu'un chef; Denys le choisit dans sa propre famille. Son frère Leptine fut placé à la tête de la flotte; Denys se réserva le commandement de l'armée. Cette armée ne dépassa jamais le chiffre de trente mille fantassins et de quatre mille cavaliers; encore pour en arriver là fallut-il tirer des mercenaires de tous les pays. Déjà mises à contribution par Carthage, l'Italie et la Grèce fournirent de nombreuses recrues à la Sicile. Denys, d'ailleurs, ne négligea rien pour tirer le meilleur parti possible de ces troupes étrangères. Chaque soldat trouva, en arrivant à Syracuse, les armes qu'il était habitué à manier dès l'enfance. Les officiers recruteurs avaient reçu l'ordre de rapporter des diverses contrées où ils opéraient les modèles les plus perfectionnés des instruments de guerre en usage dans le pays. Denys prescrivit à ses ouvriers de reproduire exactement et sans y rien changer le coutelas des Thraces, la javeline du Brutium et la sarisse des Doriens. Tout l'espace que n'occupaient pas les chantiers ou les cales couvertes avait été abandonné aux armuriers. Si vastes qu'ils pussent être, ces ateliers furent encore jugés insuffisants; on les compléta en affectant à la fabrication des armes la plupart des édifices publics et les maisons les plus considérables de la ville. En quelques mois, Denys eut à sa disposition cent quarante mille boucliers, un nombre égal d'épées et de casques, plus de quatorze mille cuirasses. Le pouvoir absolu abrége bien des lenteurs, et l'autorité que s'était adjugée Denys le rendait, pour un certain temps du moins, le maître incontesté « des biens et des nuques ». Dans de pareilles conditions, la tyrannie ne risque rien à se montrer libérale; Denys payait sans compter. Le bruit de ses largesses se répandit rapidement dans le monde; les plus habiles artisans que possédassent l'Italie et la Grèce affluèrent en masse à sa cour. Tous les inventeurs étaient assurés d'y trouver le meilleur accueil. La catapulte avait déjà été employée par Conon au siége de Mitylène; à Syracuse, on la perfectionna et on s'en servit pour lancer non-seulement des pierres, mais des traits. Elle devint un arc d'une immense puissance, un arc tel que les géants de la fable seuls auraient pu le bander. La portée des armes de jet se trouva ainsi considérablement accrue, et la guerre en prit soudain un nouvel aspect. L'artillerie de l'antiquité vient d'entrer en ligne : que les dieux de Carthage protégent Lilybée et Panorme!

C'était surtout à la guerre de siége que Denys se préparait, car sa flotte lui semblait assez forte pour le garantir contre toute descente, le jour où il aurait constitué l'unité politique de la Sicile. Un semblable dessein ne s'accomplirait pas sans des luttes sanglantes; le ciel cependant, par plus d'un symptôme, se montrait prêt à le favoriser. La ruine d'Agrigente laissait la puissance de Syracuse sans rivale, et si quelque diversion étrangère était encore à craindre, de l'étranger aussi on pouvait se promettre des secours. La froideur que les Lacédémoniens témoignaient à la démocratie sicilienne avait fait place à la plus vive sympathie. C'était le moment où Lacédémone, victorieuse à Ægos-Potamos, s'occupait activement de consolider son triomphe et envoyait Lysandre parcourir les villes de la Grèce pour y établir des harmostes. De la tyrannie à l'oligarchie la distance n'était pas si grande que Sparte eût sujet de se montrer rigoureuse envers un état de choses qui se rapprochait beaucoup au fond de sa propre organisation politique. Aussi, de l'année 405 avant notre ère à l'année 398, Sparte autorisa-t-elle le tyran Denys à enrôler sur son territoire autant de soldats qu'il le jugerait bon. Ces recrues formèrent le noyau de l'armée syracusaine et lui apportèrent l'instruction tactique avec l'esprit de discipline qui lui manquait.

Où Denys puisait-il donc les énormes sommes que durent exiger de si prodigieuses dépenses? Il les puisa dans les proscriptions dont ses ennemis eurent l'imprudence de lui fournir à diverses reprises l'occasion. Les premiers temps de son usurpation furent singulièrement troublés par des séditions militaires; les cavaliers surtout, attachés, par je ne sais quel penchant dont la cavalerie fut rarement exempte, au parti oligarchique, faillirent plus d'une fois « le faire sortir de la tyrannie, tiré par les jambes ». Denys parvint pourtant à comprimer ces révoltes; il en prit avantage pour alimenter son trésor par d'impitoyables confiscations. Toute la richesse de la Sicile passa peu à peu dans ses coffres, et la richesse de la Sicile, à cette époque, était grande. Pour se donner le temps d'asseoir son autorité, Denys avait dû en passer par les conditions des Carthaginois, bien que les Carthaginois eussent été, depuis l'occupation d'Agrigente, décimés par le typhus et qu'ils éprouvassent autant d'impatience de retourner en Afrique que les Siciliens pouvaient en avoir eux-mêmes de les y renvoyer. Les généraux de Carthage ne voulurent reconnaître à Denys que la possession de Syracuse; les autres villes, celles du moins que des garnisons puniques n'occupaient pas, conserveraient leur indépendance et se gouverneraient par leurs propres lois. De pareils traités sont œuvre de dupe, car on n'y souscrit que pour les violer. A peine en effet les Carthaginois eurent-ils mis à la voile, que Denys, délivré de leur présence, entra en campagne. Naxos, Catane, Léontium sentirent tour à tour le poids de ses armes. Ce ne fut qu'après avoir soumis ces cités dissidentes, avoir battu les Sicules et contenu les dispositions hostiles des habitants de Rhegium, qu'il se crut assez fort pour ne plus dissimuler ses projets et pour déclarer ouvertement la guerre à Carthage.

A l'extrémité occidentale de la Sicile existait autrefois un îlot qu'une chaussée d'un kilomètre à peine de longueur joignait à la terre ferme. Sur cette tête de pont s'élevait la ville de Motye. Nulle cité ne s'était montrée plus constamment fidèle à la cause punique; elle pouvait donc s'attendre à subir les premiers assauts. La position par elle-même était forte; les habitants de Motye la rendirent plus inexpugnable encore en rompant la digue qui les rattachait à la grande île. La rivalité dont Messine et Palerme donnèrent, pendant tout le cours du moyen âge et jusque sous le règne de Louis XIV, des preuves si énergiques, semble remonter à l'époque lointaine dont nous essayons de retracer l'histoire. On dirait que le même sang ne coule pas dans les veines des insulaires qui ont pris parti pour Carthage et de ceux qui, plus fidèles à leur origine, n'échangèrent l'influence de la Grèce que pour subir l'ascendant de l'Italie. Denys avait hâte de faire l'épreuve de ses machines de guerre; il vint mettre le siége devant Motye. Les Motyens lui opposèrent une résistance qui donna aux Carthaginois le temps d'accourir. Denys appuya sa flotte au rivage. Sur le pont des navires, il avait placé une multitude d'archers et de frondeurs; à terre, il rangea, comme une batterie d'artillerie, ses catapultes. Les Carthaginois reculèrent effrayés devant cette mitraille et reprirent le chemin de la Libye; Motye était livrée à son sort.

Le premier siége où l'on puisse constater des approches régulières, un terrain gagné pied à pied, appartient à l'histoire de Denys. Les catapultes font d'abord évacuer les remparts, puis les travailleurs rétablissent à grand renfort de blocs la chaussée rompue. Les tours de bois à six étages sont alors roulées à toucher les murs. Les Perses de Xerxès ont jadis mis le feu aux palissades qui entouraient l'Acropole d'Athènes à l'aide de flèches garnies de paquets d'étoupes enflammées; les habitants de Motye recourent au même moyen pour tenter d'incendier les tours du haut desquelles les soldats de Syracuse combattent de niveau avec leurs guerriers. Ils essayent même de retrouver l'avantage d'un tir plongeant en dressant sur le terre-plein de leurs bastions de grands mâts portant au sommet, en guise de hunes, de vastes paniers. Des gens de trait ont pris place au fond de ces corbeilles et y forment comme un corps d'archers aériens. Les béliers de Denys n'en continuent pas moins de battre sans relâche le pied des murs. Une brèche est enfin ouverte. Les Motyens ont renoncé à la défendre; ils se replient en arrière, barricadent les rues et garnissent de défenseurs les maisons. C'est un nouveau siége qui commence. Denys fait élargir à coups de sape la brèche; les tours mobiles s'avancent, abaissent sur les toits les ponts dont on les a munies, et le combat s'engage à vingt ou trente pieds au-dessus du sol. Les assiégeants gagnent peu à peu du terrain; mais la lutte sera longue, car l'ennemi n'attend pas de merci et ne s'est pas ménagé de retraite. Un soldat de Thurium, Archylus, profite de l'obscurité de la nuit; il parvient, suivi de quelques compagnons, à escalader un pâté de maisons écroulées. Les Motyens font de vains efforts pour le chasser de ce monceau de décombres; les colonnes que Denys a pris soin de masser sur la chaussée accourent au bruit du combat et couronnent de leurs bataillons la position conquise. Ils en font, en quelques instants, une véritable place d'armes. C'est de là qu'aux premières lueurs du jour le tyran précipite ses troupes sur l'ennemi. Les Motyens éperdus ont jeté bas les armes; ils attendent les ordres du vainqueur.

Pas de pitié pour les Grecs qui ont embrassé le

parti de Carthage! Qu'on leur inflige le supplice dont les Carthaginois ont tant de fois donné l'odieux spectacle à la Sicile! Qu'on les cloue à la croix qu'ils puissent, en mourant, jeter un dernier regard sur cette mer déserte qui devait leur ramener la flotte d'Imilcon et qui ne leur apporte que le souffle desséchant du simoun échauffé par les sables de la Libye! Quant aux Motyens eux-mêmes, ils sont moins coupables; Denys se contentera de les vendre à l'encan et de livrer leurs demeures au pillage de ses soldats. C'est ainsi que jadis on faisait la guerre et que probablement on la ferait encore, si quelques pauvres gens, rebelles à la loi d'orgueil sous laquelle le ciel les avait fait naître, n'eussent conçu le sublime dessein d'aller enseigner au monde une autre morale. Le christianisme a changé le cours des idées de ceux mêmes qui affectent de se proclamer ses ennemis, et, quoi qu'on en puisse dire, les héros de la bonne nouvelle n'ont pas parcouru l'univers en vain. Sans leurs prédications, la civilisation moderne courait grand risque de nous ramener par une pente insensible à l'anthropophagie.

CHAPITRE IV.

DESTRUCTION DE L'ARMÉE D'IMILCON

L'été finissait : Denys chargea Leptine de garder, avec cent vingt navires, les parages que la saison le forçait d'évacuer. Dans Motye même, il laissa une garnison composée de Sicules. Le gros de ses forces reprit, sous ses ordres, la route de Syracuse. Il y aurait eu folie à s'endormir sur ce premier succès; les Carthaginois ne pouvaient manquer de préparer un retour offensif. Investi de l'autorité suprême, Imilcon faisait, en effet, d'immenses levées. Une flotte de quatre-cents bâtiments à rames, escortant six cents navires de transport, reçut à son bord une armée de cent mille hommes. On ne chargea point seulement cette flotte de vivres, de machines de guerre, de munitions; on lui donna aussi à porter quatre mille chevaux et quatre cents chars. De semblables expéditions ne furent point rares dans l'antiquité, et, avec toutes les ressources dont dispose aujourd'hui la science navale, nous les déclarerions impossibles! Remarquons d'ailleurs le cachet de vraisemblance dont sont empreints les récits contemporains auxquels Diodore a emprunté le fond de son histoire. Lorsque la flotte est prête, Imilcon fait remettre à chacun des pilotes un pli cacheté; ce pli ne devra être ouvert qu'à une distance déterminée du rivage. Semblable précaution fut prise par l'empereur, lorsqu'il fit partir l'amiral Villeneuve de Toulon. Ce sont là les conditions indispensables du secret, mais on n'invente point de pareils détails; quand je les rencontre dans les relations de Timée ou d'Éphore, je me crois fondé à y reconnaître la déposition de témoins bien informés.

Les plis cachetés remis par Imilcon aux pilotes de Carthage leur enjoignaient de se diriger sur Panorme. Le vent était favorable, toute la flotte leva l'ancre. Les vaisseaux à voiles eurent bientôt pris une avance considérable sur les navires à rames, qui devaient au besoin les défendre; ils n'essayèrent cependant pas de ralentir leur allure et comptèrent sur la violence de la brise pour forcer, si l'ennemi se présentait, le passage. Déjà l'on aperçoit Maritimo, Favignana, Levanzo, ce groupe d'îles élevées, dont le sommet se cache si souvent dans les nuages, et qui sert d'avant-poste à la pointe occidentale de la Sicile. Les Libyens ne pouvaient souhaiter un phare mieux placé pour assurer leur traversée d'Afrique en Europe. L'amiral de Sicile, Leptine, prévenu par Denys, guettait, avec trente trières, l'arrivée d'Imilcon; seulement, il la guettait du canal étroit où il s'était embusqué. Ses vaisseaux ne lui semblaient pas de ceux qu'on peut impunément aventurer au large. Quand les premiers transports ennemis apparurent, Leptine courut sur eux et en coula cinquante. Il submergea ainsi, d'un seul choc, cinq mille hommes et deux cents chars de guerre; le reste de la flotte réussit à gagner Panorme. Les anciens faisaient, sans hésiter, la part du feu dans toute affaire sérieuse; maîtres de la Calabre, ils n'auraient pas, comme nous, laissé les Anglais s'implanter en Sicile.

Imilcon, quand il eut débarqué le gros de ses troupes à Panorme, ne trouva pas qu'il eût payé ce premier succès trop cher. Le seul déploiement de ses forces le rendait, sans coup férir, maître du terrain; il l'inonda sur-le-champ de son armée. Denys n'eut d'autre ressource que de s'aller enfermer, en ravageant sur tout son passage la campagne, dans l'enceinte fortifiée de Syracuse. Imilcon ne voulut pas s'arrêter à Panorme; il y redoutait encore les vaisseaux longs de Leptine. Une baie ouverte ne lui semblait pas un abri suffisant; il lui fallait un port fermé par un goulet étroit pour y remiser en toute sécurité ses six cents navires. Messine lui parut offrir l'abri désiré. Il s'y porta, sans délai, avec toute son armée, flanquée par les trières, qui longeaient d'aussi près que possible la côte. Messine n'était point en état de soutenir un siége; les troupes carthaginoises s'en emparèrent sans peine, et les six cents vaisseaux donnèrent à pleines voiles dans ce havre, arrondi, suivant la remarque des géographes anciens, comme un crochet d'hameçon.

Les Sicules étaient toujours, à peu d'exceptions près, du parti des envahisseurs; ils furent d'un grand secours à Imilcon. Ces montagnards lui rendirent avec empressement les services qu'ils avaient naguère rendus aux Athéniens; mais ils ne pouvaient lui livrer Syracuse, et c'était devant Syracuse qu'avait échoué Nicias. On comprend l'importance dont jouissait la cité dans le monde antique, car la cité devenait, en toute occasion périlleuse, le refuge. Les nationalités y mettaient pour ainsi dire leur âme. Les cités aujourd'hui sont des nids à bombes, et il est facile à l'ennemi qui tient la campagne de les enfermer dans un cercle de feu; leur résistance peut donc se mesurer au nombre de jours de vivres qu'elles ont accumulés. Le plus sûr boulevard des nations, depuis que les canons rayés s'entendent si bien à cerner les villes, ce sont les bataillons disciplinés qui s'interposent entre l'invasion et le cœur du pays. Quand ces bataillons ont été dispersés ou refoulés sur les places fortes du centre, il n'y a que la mer à laquelle on puisse encore, comme dernier recours, tenter de s'appuyer. Denys s'était flatté de garder la possession de la mer; la fortune ne seconda pas cet espoir. Leptine fut enveloppé par les forces supérieures de Magon, l'amiral de Carthage : il perdit plus de cent bâtiments et de vingt mille hommes. Denys ne s'émut pas outre mesure d'un si grave échec; le triple rempart de Syracuse le rassurait.

Ce fut cependant un spectacle bien fait pour porter la terreur dans le cœur des Syracusains que celui de la flotte de Magon venant s'établir au centre du bassin qui avait jadis accueilli les trières athéniennes. Les bâtiments à rames des Carthaginois marchaient en tête. Rangés en bataille sur une ligne de front, la poupe magnifiquement décorée de dépouilles, ces vaisseaux de combat occupaient presque tout l'espace qui s'étend entre Ortygie et Plemmyrion. En arrière de cette première ligne s'avançaient, masse serrée et confuse, plus de mille vaisseaux de transport. Les Carthaginois, de Messine à Catane, avaient ramassé sur la route tout ce que la Sicile employait de navires à trafiquer avec l'Italie. La baie, si spacieuse qu'elle fût, semblait trop étroite pour contenir tant de galères étendant au loin leurs rames, tant de barques déployant le nuage de plus en plus épais de leurs voiles. La flotte carthaginoise avait à peine jeté l'ancre, que l'armée d'Imilcon déboucha dans la plaine. L'immense armée se développa lentement des rives de l'Anapos au promontoire de Plemmyrion. Pour protéger son front de bandière, elle s'occupa sur-le-champ d'élever au bord de la mer trois camps palissadés. Denys contemplait avec calme ces préparatifs du haut des remparts, qu'il avait de longue date garnis de balistes et de catapultes. Il se savait en mesure de prêter, grâce à cette artillerie, un appui efficace aux navires qu'il attendait du Péloponèse. Son beau-frère Polyxène était en effet parti à la première alarme, muni d'une somme considérable, pour Lacédémone et pour Corinthe; il avait ordre d'en ramener des renforts à tout prix. Trente vaisseaux longs arrivèrent les premiers, sous la conduite du Lacédémonien Pharacidas; la flotte carthaginoise ne réussit pas à les intercepter. Cette preuve manifeste d'impuissance ranima le courage des Syracusains. Peu importait d'ailleurs que les Syracusains tremblassent, si le chef qu'ils s'étaient donné demeurait impassible. La fermeté du commandement vaut encore mieux que l'ardeur enthousiaste du soldat, et la fermeté de Denys s'était promis de laisser aux marais de l'Anapos, à ces terribles marais qui avaient déjà englouti une armée athénienne, le temps de faire leur œuvre. L'été devenait brûlant; une chaleur suffocante succédait, vers midi, aux brouillards glacés du matin. Nous qui avons connu les rosées du Mexique, nous savons ce que ces alternatives peuvent produire : la fièvre paludéenne en est inévitablement la conséquence. Trente jours à peine après avoir pris ses campements, l'armée carthaginoise se trouva infectée : le poison s'insinuait sournoisement dans les rangs. Les Libyens, mal vêtus, furent atteints avant tous les autres. On inhuma les premières victimes : bientôt la mortalité fut telle, le désordre devint si affreux, qu'on ne prit plus la peine d'enterrer les morts. Ces miasmes pestilentiels aggravèrent encore l'épidémie. Les troupes de Carthage ne sont pas les seules qui aient eu à regretter d'avoir dressé leurs tentes sur un sol insalubre; les rives du Pamisus et celles du Rio San-Juan ne furent guère plus clémentes aux malheureux soldats du général Maison et aux miens que les bords de l'Anapos aux hordes à demi sauvages d'Imilcon. Néanmoins, les armées carthaginoises ont, en mainte occasion, disparu trop vite, pour qu'on ne soit pas tenté de flairer sous leurs nombreux désastres une absence complète de police. Ces camps, qui se convertissent si promptement en cloaques, auraient probablement gagné à connaître et à emprunter à la loi religieuse des Juifs les règlements de salubrité de Moïse.

Une armée en proie à la peste est une armée facile à surprendre. Les Carthaginois avaient déjà perdu cinquante mille hommes; Denys jugea le moment venu de les aller assaillir dans leurs lignes. Leptine et Pharacidas reçurent l'ordre d'attaquer, à la pointe du jour, les navires ennemis. Denys se chargea de seconder ce mouvement par une diversion. Éveillés en sursaut, les soldats d'Imilcon se portent en toute hâte sur le point où le danger paraît le plus pressant; Denys vient de s'emparer, à l'exemple de Gylippe, d'un des forts du Plemmyrion. En ce moment même, les vaisseaux de Leptine et de Pharacidas se détachent du rivage. Avant que les soldats d'Imilcon aient pu remonter à bord des trières abandonnées aux rameurs, la flotte de Syracuse a engagé l'action. Aux clameurs qui s'élèvent, au fracas retentissant des proues qui se heurtent, Denys reconnaît que ses ordres ont été fidèlement exécutés; il accourt à cheval, suivi de ses troupes. Un groupe, composé de quarante quinquérèmes, résistait encore : « Des torches!

apportez des torches ! On brûlera ce qu'on n'a pu couler » Un vent violent régnait dans la baie ; la flamme est portée des bâtiments à rames aux navires de charge ; les câbles prennent feu, et les vaisseaux, qui s'en vont en dérive, propagent d'un bout de la ligne à l'autre l'incendie. Il restait aux Carthaginois quarante trières ; les troupes d'élite s'embarquèrent avec Imilcon sur ces quarante vaisseaux, dans l'espoir de pouvoir gagner le large à la faveur des ombres de la nuit. Les Corinthiens découvrirent l'escadre fugitive au moment même où elle franchissait la passe. Ils se mirent, sans perdre un instant, à sa poursuite ; ils ne purent néanmoins atteindre que quelques vaisseaux retenus, par l'infériorité de leur marche, en arrière. Le gros de l'armée avait été abandonné par Imilcon sur la terre de Sicile. Cette foule sacrifiée n'essaya pas de se défendre ; les Sicules gagnèrent la montagne ; les mercenaires, jetant au loin leurs armes, demandèrent la vie. Seuls, les Ibères, réunis en corps, gardaient vis-à-vis de l'ennemi une attitude menaçante. Avant de se soumettre, ils firent leurs conditions ; Denys les incorpora dans l'armée sicilienne.

CHAPITRE V.

LES DERNIERS JOURS DE DENYS L'ANCIEN.

Avec les Carthaginois, la victoire n'était qu'un répit; en détruisant leurs armées, on n'appauvrissait que leur trésor. Tant que la Campanie, la Libye, l'Ibérie ne seraient pas dépeuplées, Carthage se tenait pour assurée de ne pas manquer de soldats. Trois fois, durant le long règne de Denys, elle revint à la charge, et trois fois elle vit l'expédition nouvelle se terminer par un nouveau désastre. La vie du tyran de Syracuse ne fut qu'une longue lutte pour l'affranchissement de la patrie. La Sicile avait le goût des tyrans, — les patriciens de Rome le lui ont assez durement reproché; — l'eût-elle eu à ce point si les tyrans ne lui eussent été nécessaires? De tous côtés, en effet, la malheureuse île se sentait vulnérable. Deux jours de vent propice jetaient la Libye sur ses rivages; de l'Italie, elle n'était séparée que par un détroit qui, au temps de la grande invasion d'Imilcon, fut franchi à la nage par cinquante Messinois : il est vrai que pour arriver cinquante, ces nageurs désespérés étaient partis au nombre de deux cents; des radeaux ne pouvaient-ils pas, sans exiger d'aussi grands sacrifices, transporter en quelques heures, d'une rive à l'autre, une armée? Toute cette pointe extrême de la péninsule qui, sous le nom de Brutium, s'étendait alors de Rhegium à Crotone, était habitée par une population farouche et belliqueuse. Denys avait affranchi la Sicile de la domination de Carthage; il ne pouvait la laisser exposée à des incursions qu'un si proche voisinage rendait plus redoutables encore. A peine a-t-il envoyé les Libyens en Afrique, qu'il songe à prendre ses sûretés du côté de l'Italie. Jamais roi ou tyran n'a plus consciencieusement rempli ses devoirs de gardien du troupeau. Dans toute expédition, vous êtes sûr de trouver Denys au premier rang. Il blanchit sous le heaume et vieillit sous le bouclier; on eût pu compter ses années de pouvoir par ses cicatrices. A Rhegium, entre autres, il reçut un coup de pique dans l'aine, et bien peu s'en fallut qu'il n'y laissât la vie. La foi qu'il mettait dans ses quinquérèmes faillit également lui coûter cher un jour. Surpris par la tempête au milieu du détroit, il vit sept bâtiments, montés par quinze cents hommes, périr autour de lui. Ce ne fut qu'à grand'peine qu'il parvint à gagner, grâce aux efforts prodigieux de sa chiourme, le havre protecteur de Messine.

Le trésor royal cependant peu à peu s'épuisait. Les temples élevés aux dieux, les gymnases ouverts au peuple, les halles et les portiques, qui rendaient de toutes parts témoignage de la sollicitude du tyran pour le bien-être de ceux dont il s'était cru autorisé à usurper les droits, achevaient ce que le coûteux entretien d'une armée permanente avait commencé; il fallait, de toute nécessité, détourner vers la source tarie quelque nouveau Pactole. L'expédient des confiscations n'était plus de saison; la foule, nivelée, n'offrait guère de prise à ce fisc aux abois Denys songea, dit-on, à reprendre aux dieux de l'Épire et de la Tyrrhénie ce qu'il donnait avec excès aux dieux de la Sicile; le pillage d'un seul temple lui rapporta, si l'on en doit croire ses historiens, la somme considérable de six millions de francs. Je n'accueillerai cependant qu'avec une extrême réserve cette accusation de sacrilége. Que Denys, sous prétexte d'exterminer les pirates, ait lancé ses vaisseaux en course, je l'admettrai sans peine; qu'il ait fermé les yeux sur des déprédations dont ses alliés non moins que ses ennemis furent quelquefois victimes, je ne verrai rien là d'improbable; mais s'attaquer aux temples quand on a mérité la réputation de grand politique, voilà qui me semblera, jusqu'à nouvel ordre, très-douteux. Denys avait un plus sûr moyen de s'enrichir. Ce moyen consistait à laisser se développer, sous l'égide de la paix intérieure, de la sécurité garantie au travail, les merveilleuses ressources agricoles de la Sicile. Le mit-il en pratique? J'en ai, je l'avouerai, quelque soupçon, bien que l'histoire ait jugé inutile de s'appesantir sur ce point. Sans un revenu assuré, il lui eût été impossible de faire face à tant de dépenses. Syracuse possédait deux flottes toujours prêtes à entrer en campagne, l'une retirée sous ses hangars, l'autre renfermée dans les bassins que Denys avait fait creuser, bassins qui pouvaient contenir, assure-t-on, deux cents trières. Deux amiraux, tous deux frères de Denys, Leptine et Théaride, commandèrent successivement les armées navales de la Sicile. Leptine trouva, en l'année 383 avant Jésus-Christ, une mort glorieuse sur le champ de bataille. Denys perdait en lui un vaillant capitaine; il n'en poursuivit pas avec moins d'énergie son œuvre. Sélinonte, Entelle, la ville fameuse d'Éryx, tombèrent en son pouvoir. Les Carthaginois ne conservaient plus, pour descendre en Sicile, que le port de Lilybée, ce pied-à-terre de toutes les invasions, qui reçut des Arabes le nom de Marsala, et dont Garibaldi a rajeuni, en 1860, la mémoire.

Denys assiégea Lilybée, comme il avait assiégé Motye. Il s'en fût rendu maître si une attaque imprévue ne lui eût coûté la meilleure partie de sa flotte. Les flottes syracusaines étaient heureusement de ces arbres gonflés d'une séve puissante dont on peut impunément retrancher un rameau. Les tempêtes, les batailles, quand elles avaient passé, ne les retrouvaient que plus nombreuses et plus florissantes. Denys prenait plaisir à étendre sans cesse le cercle de leur action; il les maintenait en croisière dans la mer Ionienne, les montrait comme un épouvantail à la piraterie, et protégeait ainsi, avec une efficacité inconnue jusqu'alors, les immenses convois de céréales qui allaient alimenter l'Illyrie et l'Épire. Peuplée par des colons grecs, la Sicile eut à son tour des colonies; la ville d'Alessio, bâtie à l'embouchure du Drin, sur les bords de l'Adriatique, doit sa naissance à l'infatigable activité du vengeur d'Hermocrate.

L'heure du déclin cependant approchait pour le grand tyran, dont la physionomie nous demeure encore aujourd'hui confuse à travers tous les nuages dont des dépositions intéressées se sont appliquées à l'envelopper. Cette heure, il n'est point permis d'en douter, fut soupçonneuse et triste.

Être heureux comme un roi! dit le peuple hébété...

ce n'est assurément pas un roi qui a inventé ce proverbe. Denys dut mettre à mort un grand nombre de ses amis et condamner les autres à l'exil. Les lettres, dans le culte desquelles il s'était réfugié, le trahirent elles-mêmes. Le tyran de Syracuse vit ses vers sifflés aux Jeux Olympiques. Il n'était probablement pas meilleur poëte que Richelieu ou que Frédéric II. Les hommes d'action ont généralement dans l'esprit un côté trop ferme, trop positif, pour ne pas laisser traîner quelque fil aux ailes de leur muse; exceptons cependant de ce jugement le grand empereur. Celui-là fut un poëte, et, comme l'a si bien dit un critique éminent, — M. Villemain, — nous rencontrons chez lui ce qu'on ne trouverait pas même chez César : « l'imagination de Tacite colorant la pensée de Richelieu ». Denys ne paraît avoir eu ni la flamme d'Eschyle ni le charme d'Anacréon. Les Grecs, à mon avis, auraient dû cependant lui tenir quelque compte de ce goût des lettres, qui sera toujours la grâce la plus séduisante des souverains. Si l'on ne prenait soin d'encourager ce penchant, il est bien peu de princes qui voudraient s'y abandonner, car il est assez rare que les détenteurs du pouvoir, « ces illustres ingrats », au dire de Voltaire, aient beaucoup à se louer de leurs relations avec les poëtes ou avec les philosophes. Dans le commerce de louanges qui doit forcément s'établir alors entre les deux amis, ce ne sont pas généralement les princes qui se montrent les plus exigeants. Denys ne parvint pas à satisfaire Platon; Frédéric II indisposa Voltaire; Louis XIV eut à se reprocher la mélancolie qui conduisit Racine au tombeau, et Alfonse d'Este se vit obligé d'envoyer le Tasse à l'hôpital. N'importe! malheur aux cours qui voudraient retrancher la science et la poésie de leurs fêtes! Malheur aussi peut-être à la science et à la poésie qui méconnaîtraient ce qu'elles ont souvent dû à l'élégance et à la critique indulgente des cours!

CHAPITRE VI.

L'ANARCHIE SICILIENNE ET L'AVÉNEMENT D'AGATHOCLE.

A l'âge de soixante-trois ans, en l'année 368 avant Jésus-Christ, le vieux Denys finit, comme devait finir Cromwell, dans l'amertume d'une œuvre inachevée. Son fils Denys le Jeune rouvrit, par sa nonchalance, la porte à toutes les compétitions qu'avait tenues en respect le sceptre de fer. La Sicile se vit de nouveau en proie à la plus sanglante anarchie. Un ami de Platon, un beau-frère de Denys l'Ancien, Dion, fils d'Hipparinus, accourut de l'exil, appelé par les mécontents. Sur les cadavres de quatre mille citoyens égorgés en un jour, le peuple, réuni en assemblée solennelle, lui décerna l'autorité suprême; les mercenaires que Dion avait amenés de Zacynthe ne ratifièrent pas ce suffrage.

Le guerrier philosophe tomba sous leurs coups, et, durant huit années encore, les factions ennemies se disputèrent, avec un acharnement sans exemple, les lambeaux de la tunique de pourpre, que personne en Sicile n'était plus de taille à porter Les Syracusains, dans leur désespoir, tournèrent un regard éperdu vers l'étranger; ils envoyèrent demander un chef à Corinthe. Le sénat corinthien se trouvait lui-même, en ce moment, dans un singulier embarras. Timoléon, le fils de Timenète, venait de poignarder, sur la place publique, son frère Timophane. Timoléon outrageait ainsi la nature, mais il sauvait, paraît-il, la patrie, si la patrie se devait confondre avec l'autorité dévolue au sénat. Timophane, en effet, « flattait notoirement la classe indigente, rassemblait des armes, s'entourait des gens les plus mal famés ». Ce sont là les préludes habituels de la tyrannie; car la tyrannie ne saurait avoir la naïveté de vouloir séduire les classes mêmes dont son avénement ne peut que ruiner les priviléges. Cependant, comme il est difficile de laisser le soin de sauver l'État par un meurtre à toutes les consciences que quelque soupçon plus ou moins justifié enflamme, le sénat hésitait beaucoup sur le parti à prendre. Condamner un ami lui semblait bien dur; l'absoudre pouvait être d'un fâcheux exemple. La demande des Syracusains arrivait à point pour épargner aux juges de Corinthe l'obligation de prononcer dans cette délicate situation leur sentence. Ils décidèrent que le meurtrier serait envoyé en Sicile. Ne fallait-il pas avoir quelque crime à expier pour oser descendre dans ce gouffre?

Quand Étienne Bathori entreprit de ramener la fortune sous les drapeaux de la Pologne, il n'eut qu'à faire sonner le boute-selle pour voir la plus vaillante noblesse de l'Europe oublier ses divisions et accourir en armes au champ du conseil. Timoléon acceptait une tâche plus difficile. On lui donnait à sauver un peuple qui n'avait plus d'armée, et dont le sol se montrait plus propre à enfanter des moissons que des soldats. Il y eut un moment où Denys le Jeune, entouré de ses affidés, régnait dans la citadelle de Syracuse, où Hicétas était maître des faubourgs, les Carthaginois en possession du grand port, Timoléon souverain dans la campagne. Celtes, Ibères, Liguriens, Grecs, partagés entre tous les camps, s'abattaient en troupes, comme des nuées d'oiseaux voyageurs, sur la pauvre Sicile. L'île féconde nourrissait et dévorait tout. Carthage, à court d'argent, se lassa la première. Dans une dernière bataille, livrée sur les bords du Crimèse, elle avait perdu dix mille hommes, laissé quarante-cinq mille prisonniers et deux cents chars aux mains du Corinthien; en l'année 339, elle traita. Timoléon venait d'achever sa tâche, — la tâche d'un guerrier. — Comment se fût-il acquitté de la mission bien autrement épineuse qui allait lui être dévolue? Par quel artifice fût-il parvenu à faire vivre en paix toutes ces cités rivales, toutes ces factions contraires, auxquelles le départ des armées de Carthage allait rendre le loisir de se déchirer? Je ne me chargerai pas de le pressentir, car le ciel épargna au héros triomphant la délicate épreuve : Timoléon mourut en l'an 337. Moissonné à temps, il descendit au tombeau avec toute sa gloire, et les historiens s'accordèrent pour lui décerner le titre usurpé de pacificateur de la Sicile.

Celui qui pacifia réellement le malheureux royaume de Denys, ce fut un potier. Dépeuplée par la guerre et par les proscriptions, Syracuse plus d'une fois eût manqué d'habitants, si l'on n'eût pris soin de lui refaire, par des appels réitérés du dehors, une population. Timoléon, entre autres, y fit entrer jusqu'à cinq mille colons venus de Corinthe; il accorda également le droit de cité à tous les Siciliens qui consentiraient à s'y établir. Le père d'Agathocle, Carcinus, originaire de Rhegium, avait été admis par les Carthaginois dans la ville qui fut bâtie non loin de l'emplacement et probablement à l'aide des ruines d'Himère. Cet Italien nomade profita de l'occasion pour transporter ses pénates et son industrie à Syracuse. Agathocle, son fils, était né avec toutes les qualités qui font les aventuriers heureux, et les temps étaient alors singulièrement propices aux aventures. Dès qu'il eut l'âge d'homme, il laissa là l'argile et la roue paternelles, pour courir après la fortune.

Dans quelles luttes obscures, par quelle succession d'intrigues et d'exploits arriva-t-il à se faire peu à peu sa place au sein d'une société troublée? L'histoire ne nous le dit pas bien clairement. C'était l'heure où la Grèce s'ébranlait tout entière, prête à se jeter sur l'Asie : le monde, pendant treize ans, n'eut d'oreilles et d'yeux que pour Alexandre; ce qui se passait en Sicile avait perdu le don de l'intéresser. Nous savons cependant que, doué d'une force peu commune, Agathocle, à une époque où la force corporelle jouait un si grand rôle, étonna ses contemporains par le poids insolite des armes avec lesquelles il se présenta dans le rang. Ce bras, qui jusqu'alors n'avait pétri que de la terre glaise, eût bandé sans peine l'arc d'Ulysse et brandi sans effort la lance de Diomède ou d'Ajax. Agathocle fut nommé chiliarque. Dès qu'on est colonel, on peut arriver à tout, pour peu que les révolutions y aident; l'essentiel est de ne pas se tromper de chemin. L'ambitieux potier comprit du premier coup celui qu'il devait prendre. La faction oligarchique, incessamment terrassée, se relevait toujours obstinée et vivace. Agathocle ne se laissa point abuser par cette persistance ; l'avenir n'était pas de ce côté. Ce fut dans les bras de la démocratie que dès le début il se jeta. Pour défendre sa cause, le peuple ne pouvait souhaiter un plus vaillant champion. Agathocle reçut de la confiance populaire le commandement de l'armée et, avec ce commandement qui déjà donnait tout, les pouvoirs les plus absolus. Le fils de Carcinus devait être « le gardien de la paix jusqu'à ce que la concorde fût parfaitement rétablie ». Rétablir la concorde dans une cité divisée depuis des siècles eût peut-être embarrassé un légiste : Agathocle trouva la chose simple, — il supprima les dissidents. A un jour donné, les portes se fermèrent, les soldats se réunirent, les trompettes sonnèrent la charge ; quatre mille citoyens, « qui n'avaient d'autre tort que celui d'être les plus influents », furent égorgés par les troupes chargées de la mission pacificatrice. Plus de six mille, à qui leur effroi sembla donner des ailes, réussirent à franchir les remparts ; ils coururent se réfugier dans Agrigente. La concorde était rétablie à Syracuse, car il n'y restait plus que les meurtriers et leurs complices. Les sept chefs de Thèbes se prêtèrent jadis un mutuel serment en plongeant leurs bras jusqu'au coude dans le sang d'un taureau : les septembriseurs syracusains trouvèrent un plus sûr moyen de cimenter à jamais leur union. Le massacre durait depuis deux jours; ils le suspendirent pour organiser méthodiquement le pillage. Quand les maisons des proscrits furent vides, Agathocle annonça l'intention de se retirer des affaires. Il voulait déposer le sceptre et la chlamyde, vivre désormais en simple particulier, sur le pied d'une parfaite égalité avec tous les citoyens Il n'y eut qu'un cri dans la foule : « Agathocle n'avait pas le droit d'abandonner le peuple qu'il venait d'arracher à la servitude; le peuple lui imposerait au besoin par la force le fardeau de l'autorité absolue. On le contraindrait à régner. » Agathocle ploya ses épaules sous le faix; il avait modestement quitté la chlamyde de pourpre, il la reprit sur l'heure, aux applaudissements de la multitude. La dette était le fléau des sociétés antiques; Agathocle abolit les dettes et distribua des terres aux indigents. Quelle humeur morose eût pu refuser son approbation au nouveau règne? Nul faste d'ailleurs n'environna la personne du tyran; un souverain populaire n'a pas besoin d'un éclat emprunté pour rehausser son prestige; point de gardes non plus : à quoi auraient-ils servi? Le fils de Carcinus se sentait trop bien protégé par ses bienfaits. Le vieux Denys, sur la fin de ses jours, devint sombre et atrabilaire; Agathocle, jusqu'à sa dernière heure, demeura un tyran jovial. Nul n'aimait plus que lui à déposer la majesté suprême, à faire échange de joyeux propos et de fines railleries. Dans les banquets, dans les assemblées publiques, c'était toujours lui qui se montrait le bon compagnon. Il excellait à mettre les rieurs de son côté, plaisantant agréablement ses adversaires, les contrefaisant, provoquant par ses gestes, par les contorsions de son visage, la gaieté bruyante de la foule. Ce n'est pas lui qui eût passé une sarisse à travers le corps de Clitus; il se fût contenté de le larder de coups d'épingle. La multitude avait bien rencontré cette fois le roi qu'il lui fallait; aussi le garda-t-elle durant vingt-huit années contre toutes les levées de boucliers des mécontents. Néron fut moins pleuré, et Néron probablement mérita moins de l'être. Bien que l'histoire d'Agathocle ne puisse être pour nous que la résultante de récits contradictoires et de témoignages à bon droit suspects, puisque les contemporains qui l'ont écrite furent des exilés ou des écrivains enrichis des dépouilles de l'exil, nous nous écarterons, je crois, bien peu de la vérité en admettant qu'Agathocle fut à la fois « un général habile, entreprenant, bravant les dangers avec sang-froid », et un souverain « non moins impie envers les dieux que cruel envers les hommes ». Les faits parlent plus haut que Timée ou Callias, et toutes les déclamations du monde n'y sauraient rien changer.

CHAPITRE VII.

SOLUTION NOUVELLE DU PROBLÈME DE LA TRIRÈME ANTIQUE.

Il n'y a peut-être parmi les modernes que deux hommes qui aient songé à évoquer l'ombre d'Agathocle : le patriarche de Ferney et moi. Le 30 mai 1779, « jour anniversaire de la mort de M. de Voltaire », la scène française entendait le fils de Carcinus exposer comment il avait pu monter au rang des rois,

> Sans avoir eu besoin d'une origine illustre.

L'argile, disait-il,

> L'argile, par mes mains autrefois façonné,
> A produit sur mon front l'or qui m'a couronné.

Dédaigneux à sa dernière heure de l'entrave grammaticale, Voltaire faisait de la politique : il venait de recevoir la visite de Franklin; moi, je ne m'occupe que de marine. Je m'imaginais même avoir trouvé une marine à l'abri des discussions passionnées, une marine qui ne pouvait plus être que le domaine des érudits retirés de ce monde. A ma grande, à mon extrême surprise, j'apprends que tout un corps d'officiers, de marins aussi renommés pour leur instruction que pour leur aptitude professionnelle, s'apprête à me suivre sur ce terrain. Il y aurait là de quoi m'effaroucher, si je n'avais autant à cœur la solution d'un problème auquel j'ai consacré le meilleur de mes veilles. Le ministre de la marine italienne met au concours l'étude de la tactique navale des anciens; du programme posé résulte dès l'abord une œuvre remarquable :

Est-ce un affront pour toi? Compose, écris, fais mieux!

Faire mieux! ce n'est, en vérité, pas facile. Gil Blas, mon ami, préviens-moi quand tu t'apercevras que je baisse. M. le contre-amiral Luigi Fincati est un maître; en quelques lignes, il a su exposer les difficultés du sujet et les résoudre, sinon d'une façon pour moi tout à fait satisfaisante, d'une façon du moins qui me semble aussi ingénieuse que nouvelle.

Prêtons toute notre attention à l'éminent amiral :

« Les vaisseaux de guerre de la Méditerranée, nous dit-il, jusqu'à la moitié du seizième siècle, ne différèrent pas des vaisseaux des anciens, si ce n'est dans quelques parties accessoires. La forme, le tonnage, l'armement, l'appareil des rames, furent les mêmes à bord des trirèmes vénitiennes ou génoises et à bord des trières d'Athènes, de Syracuse et de Rome. Les ordres de bataille et les procédés de combat des marins italiens du moyen âge reproduisent-ils exactement ceux que nous décrivent Thucydide, Polybe, Tite-Live et autres auteurs? On en trouvera la preuve dans divers ouvrages, notamment dans les *Historie del mio tempo* de Natal Conti, dans la *Nautica mediterranea* de Bartolomeo Crescenzio, dans les Dialogues de Cristoforo da Canale; mais celui qu'il faut, avant tout, consulter à ce sujet, c'est le savant capitaine Pantero Pantera, qui, dans son *Armata navale,* corrobore à chaque pas ses prescriptions d'exemples tirés des batailles navales des anciens. De Salamine à Lépante, durant une période de près de vingt siècles, les vaisseaux de guerre par excellence furent toujours les trirèmes. Les dimensions de ces navires ne varièrent pas sensiblement; on retrouve constamment le vaisseau à rames tel que l'a minutieusement décrit Cristoforo da Canale : long de cent vingt pieds, large de seize, avec six pieds de creux. Deux armatures latérales sont destinées à soutenir les rames. Au-dessus de ces armatures se dressent les pavois verticaux qui protégent les rameurs, pavois que nous voyons porter successivement les noms de *talamii,* de *talari,* d'*ali* et de *morti.* Deux cents hommes, combattants et rameurs, composaient l'équipage. La proue était munie d'un réduit de combat qu'au moyen âge on appelait rambade, — *rambata;* — et que les anciens nommaient *catastromata.* La chiourme comprenait cent cinquante rameurs placés trois à trois sur chacun des vingt-cinq bancs, à droite et à gauche de la coursie. Les rames et les rameurs prenaient, suivant leur position, un nom particulier. Le *pianero* était le rameur qui s'asseyait le plus près de la coursie. Il avait en main un rame longue de trente-deux pieds vénitiens[1]. Le *posticcio* était le second rameur du banc; la longueur de sa rame ne dépassait pas trente pieds et demi. Le *terziccio* ou *terzarolo,* assis à toucher le bord de la galère, manœuvrait une rame de vingt-neuf pieds et demi. Ces mêmes rameurs s'appelaient dans l'antiquité : les premiers *thranites,* les seconds *zygites,* les troisièmes *talamites,* parce qu'ils avaient leur poste de nage près du *talamio.* L'amiral Jurien de la Gra-

[1] Le pied vénitien était de $0^{m},347$.

vière n'admet pas la possibilité de faire manœuvrer trois rames contiguës par trois rameurs assis sur le même banc. Il invite à ce sujet les républiques de Gênes et de Venise « à ne pas compliquer la ques- « tion ». Je puis donner à l'honorable auteur de la *Marine de l'avenir* l'assurance que nous avons fait jadis asseoir trois rameurs sur le même banc. Ce banc était obliquement tourné vers la poupe, comme on peut le voir dans le dessin où messer Cristoforo da Canale a représenté une trirème vénitienne. Chacun des rameurs manœuvrait séparément une rame dont j'ai indiqué plus haut les dimensions. Les rames étaient assujetties, en dehors du bord, à l'aide d'une estrope et d'un tolet, — *con stroppo e scalmo,* — sur une lisse, — *un filareto,* — qui courait longitudinalement, soutenue par une rangée de herpes, — *baccalari.* — Il y avait trois lisses, — trois filarets, si l'on veut employer la langue spéciale des galères. — Les lisses étaient séparées par un espace égal à celui qui séparait les trois rameurs assis sur le même banc. Les trois tolets, — autrement dit les trois scaumes, — étaient plantés sur les trois filarets, de façon à former une ligne oblique à la quille et parallèle à la ligne du banc. Les rames sortaient donc au-dessous des pavois en groupes de trois rames; l'intervalle ménagé entre les groupes était égal à l'intervalle ménagé entre les bancs. Vers le milieu du seizième siècle s'introduisit la rame dite *di scaloccio;* les bancs, qui d'abord étaient obliques en allant du centre à la poupe, furent dès lors placés perpendiculairement à la quille. Les trois rameurs demeurèrent à leur banc, mais, au lieu de voguer chacun avec une rame, ils agirent tous les trois ensemble sur un seul et même aviron. »

Tout cela est sans doute fort élégamment exposé. Les laborieuses recherches de M. Jal, — critique scrupuleux et homme d'esprit à la fois,— l'avaient déjà conduit à une conclusion identique, du moins en ce qui concerne les bâtiments à rames du moyen âge. M. Jal, malgré la haute confiance que j'étais habitué à placer dans ses assertions, ne réussit pas à me convaincre. Que M. l'amiral Fincati me permette de lui dire que, s'il m'a vivement intéressé, il ne m'a pas convaincu davantage. Les bancs, sur les galères françaises tout au moins, n'ont jamais cessé d'être disposés obliquement à la quille; on s'est bien gardé de les redresser quand on a voulu faire usage de la rame *di scaloccio,* les bras des trois files de rameurs auraient eu des courbes trop inégales à décrire. Ce n'est pas cependant à ce mince détail que je veux m'arrêter. La construction de la trirème d'Asnières a eu le grand avantage d'ébranler les convictions les mieux enracinées et de ruiner dans beaucoup d'esprits l'idée jusqu'alors généralement admise de la superposition des rames. Je n'hésite pas à croire que, si l'on bâtit jamais une galère vénitienne sur les données et d'après les dessins de messer Cristoforo da Canale, on s'apercevra bientôt qu'il n'est pas facile de faire agir sans trouble des groupes de trois rames, quand ces rames parallèles ne sont séparées que par un intervalle de quelques centimètres. On avait fourni à M. Jal les plus vigoureux matelots de Cherbourg : il n'osa pourtant leur donner que des rames de sept mètres vingt centimètres. Telle est à peu près la longueur de nos avirons de chaloupe. Mais ici ce sont des rames de trente-deux, de trente et de vingt-neuf pieds vénitiens qu'il s'agit de manier. Je considère la chose comme au-dessus des forces d'un seul homme.

Il m'en coûte, croyez-le bien, de douter encore, quand les textes et les dessins que vous invoquez me condamnent; le scepticisme n'a jamais été l'oreiller de mon choix. Je doute cependant, parce qu'en pareille matière il est difficile d'imposer silence à l'instinct de l'homme de métier, mis, par une combinaison qui semble inexplicable, en révolte. Je n'en conserve pas moins le très-ferme espoir que le jour n'est pas éloigné où la lumière à laquelle j'aspire me viendra de la jeune Italie.

éclatante. C'est aux marins italiens qu'il appartient de nous faire connaître une marine dont les fastes se confondent avec leur glorieuse histoire, marine que ne mentionneraient même pas nos annales, si nos rois, à diverses reprises, n'en avaient emprunté à prix d'argent le concours. Que l'on imite donc en Italie le généreux exemple qui, sur l'initiative de l'empereur, fut donné il y a quelques années par la France! Puisqu'on y croit posséder le secret des trirèmes du moyen âge, qu'on en fasse descendre une tout équipée des chantiers. Si cette trirème se meut, si elle marche en avant, si elle se reporte avec facilité en arrière, si elle tourne à droite et à gauche sans que les avirons se mêlent et sans que les matelots se gourment, à l'instant je mets bas les armes.

En affirmant la trirème du moyen âge tel qu'ils la conçoivent, les Italiens auront fait un grand pas vers la découverte de la trirème antique, car je partage entièrement sur ce point l'opinion de l'honorable amiral Fincati : la trière d'Athènes et la trirème de Venise sont sorties du même nid. Nous avons là deux sœurs auxquelles il est permis de différer par les traits du visage; il serait étrange qu'elles n'eussent pas gardé, au moins dans leurs allures, un certain air de famille. Trois rameurs par banc, voilà le point incontesté et incontestable de ressemblance. Sur les vaisseaux de guerre de l'antiquité et sur les bâtiments à rames des républiques italiennes, « on voguait à trois ». De quelle façon agissaient les rameurs? comment étaient-ils assis? Des siècles de critique n'ont pu éclaircir encore ce problème. Voulez-vous, à toute force, armer chacun des rameurs de sa rame? Par amour de la paix et dans le vif désir que j'éprouve d'en finir, j'y consens; mais alors reconnaissez vous-même que les tables attiques, sur lesquelles s'est appuyée l'érudition allemande, valent bien le témoignage de messer Christophe, car elles nous offrent au moins des chiffres plausibles — seize pieds de longueur de rame au lieu de trente-deux. — Quelle tentation, sans vouloir pour cela trancher de l'Alexandre, on éprouve de donner un bon coup de couteau dans ce nœud gordien! Serez-vous plus patient que moi? essayerez-vous d'en délier tout doucement les complications? vous allez, je vous en préviens, rencontrer en chemin « un tour-mort et deux demi-clefs » qui ne laisseront pas de vous causer un sérieux embarras. Je veux parler de la célèbre phrase d'Aristophane : *Prospardin is to stoma tô thalamaki*. Les commentateurs se sont crus en droit de traduire le mot *thalamaki* par la périphrase *inferiori remigi*. Qui sait si de cette licence ne sera pas venu tout le mal ? Quoi qu'il en puisse être, je me sens à bout de forces. A ce travail ingrat je perdrais le sommeil ; s'en charge désormais qui voudra : je ne m'en mêle plus. S'il a existé des trirèmes telles que les décrivent messer Cristoforo da Canale, le capitaine Pantero Pantera, Thucydide, Polybe et Tite-Live, il en peut exister encore. Qu'on en construise donc une et qu'on nous la montre ! Pendant que les Italiens continueront d'approfondir la construction de la trirème antique, j'étudierai de mon côté l'emploi que les anciens en faisaient pour changer brusquement leur front de bataille. Les anciens ont accompli avec leurs trirèmes ce que nous n'oserions pas tenter avec nos vaisseaux. Nous pouvons donc en toute humilité leur demander sur ce point des leçons. Bonaparte lui-même aurait pu en recevoir d'Agathocle.

CHAPITRE VIII.

L'EXPÉDITION D'AGATHOCLE EN LIBYE.

Quand Agathocle se fut débarrassé de tous les ennemis intérieurs qui lui faisaient obstacle, il se crut en mesure de déclarer la guerre aux Carthaginois. Il n'y a de tyrans durables que les tyrans sacrés par la victoire. Les Carthaginois n'étaient pas cependant des ennemis qu'il fût facile de prendre au dépourvu. Ils avaient des espions et des partisans secrets dans toutes les villes de la Sicile. Cent trente trières partirent à l'improviste de Carthage sous les ordres d'Amilcar. Soixante disparurent en route ; deux cents vaisseaux de transport sombrèrent dans la même tempête. Ce désastre n'empêcha point Amilcar de prendre terre en Sicile avec une armée redoutable encore. Attaqué dans son camp par Agathocle, le suffète dut son salut à un millier de frondeurs baléares. Amilcar déploya tout à coup en ligne cette infanterie légère. Les flèches des archers, les javelots des hoplites venaient s'émousser sur les boucliers; les pierres lancées par la fronde pesaient près d'une livre; nulle arme défensive ne leur résista. La lutte néanmoins se prolongeait quand une nouvelle escadre, amenant un renfort de Libyens, apparut. Agathocle se trouva impuissant à retenir ses troupes. L'armée de Sicile perdit dans cette seule journée plus de sept mille hommes. A l'instant, toutes les villes soumises relèvent la tête et s'insurgent. Obéi la veille, obéi d'un bout de la Sicile à l'autre, Agathocle n'a plus pour refuge que les remparts imprenables de Syracuse. En cette heure de détresse, Agathocle eut une inspiration de génie, une inspiration qui le range au nombre des plus grands généraux dont l'histoire ait jamais eu à enregistrer les hauts faits. Il résolut de transporter le théâtre de la guerre en Libye. Un siècle plus tard, Scipion l'Africain ne sera que son imitateur.

Se figure-t-on quelle eût été la surprise de l'Allemagne, si, au moment où ses troupes marchaient sur Paris, elle eût appris tout à coup qu'une armée française venait de débarquer à Stettin? Nous étions maîtres de la mer alors; la flotte d'Agathocle était, au contraire, bloquée dans Syracuse par des forces supérieures. La bataille du Crimèse avait enlevé aux Syracusains la majeure partie de leur infanterie; la cavalerie seule s'était dérobée presque en totalité à la poursuite : ce fut principalement sur cette cavalerie qu'Agathocle compta pour mettre à exécution le plus audacieux des desseins. Entre tous les bâtiments à rames que contenait l'arsenal d'Ortygie, Agathocle en choisit soixante. Ces soixante trières pourraient transporter environ douze mille hommes, à raison de deux cents hommes par navire. Il était impossible de trouver place sur des trières ou sur des quinquérèmes pour des chevaux. Les cavaliers n'emportèrent, avec une armure complète, que leurs selles et leurs brides. Les préparatifs de l'expédition furent bientôt terminés. Le fils de Carcinus n'avait divulgué son secret à personne. Voulait-il aller à Catane? se proposait-il de se diriger sur Panorme? On pouvait tout admettre, excepté la pensée qu'Agathocle songeât à conduire une armée en Libye. Ce sont là les heureux priviléges de l'audace. La hardiesse même des plans qu'elle mûrit en dérobe plus sûrement la connaissance que toutes les précautions mystérieuses dont elle les enveloppe. Les Anglais ne voulurent jamais croire que Bonaparte se préparait à se rendre en Égypte; le débarquement des alliés en Crimée, la marche de l'armée française sur Novare, furent protégés par la même confiance incrédule. Les troupes siciliennes, tenues constamment sous les armes, n'attendaient plus qu'un moment propice pour monter à bord. Le frère d'Agathocle, Antandre, était déjà investi du gouvernement de Syracuse. La station navale des Carthaginois cependant ne perdait pas de vue l'entrée du port; il semblait difficile, tant que quelque gros temps ne la contraindrait pas à s'éloigner, de parvenir à tromper sa surveillance. Si l'on ne comptait pas sur les incidents heureux, la guerre deviendrait impossible; le grand mérite d'un général consiste à ne pas laisser un de ces incidents se produire sans se trouver prêt à le saisir au vol. Attentif à profiter de la moindre faveur du destin, Agathocle gardait ses soldats consignés et ses rameurs couchés entre les bancs. Le hasard n'a jamais servi que les troupes dociles et les chefs vigilants; il vint promptement au secours d'Agathocle. Des bâtiments de transport, chargés de vivres, longeaient la côte dans l'espoir de forcer le blocus; les Carthaginois se portent imprudemment avec toutes leurs forces à l'encontre de ce gros convoi; l'entrée du port reste ainsi dégagée. Il n'y avait pas un instant à perdre : les troupes s'embarquent, les soixante bâtiments à rames s'élancent. La passe est franchie. Les Carthaginois aperçoivent alors la flotte syracusaine; ils se rangent en ligne, car ce ne peut être que pour combattre et pour défendre le convoi assailli que cette flotte a dû se décider à sortir enfin du port. Étrange et inexplicable manœuvre! les vaisseaux syracusains continuent de s'éloigner à toutes rames dans le sens opposé. Ils se soucient bien du convoi! C'est à la Libye qu'ils en veulent. Les Carthaginois ont reconnu, mais trop tard, leur erreur; la flotte de Syracuse leur échappe En chasse! et promptement! Amarinera le convoi qui pourra.

Je ne connais pas, dans la longue histoire de ces guerres maritimes dont j'ai passé ma vie à fouiller les annales, d'épisode plus curieux, plus rempli d'émotion, que celui qui, le 15 août de l'année 310 avant notre ère, eut pour théâtre le canal de Malte. Ce large bras de mer, souvent si orageux, qu'un cataclysme de date probablement récente est venu creuser entre la Sicile et l'Afrique, a vu bien des naufrages; il n'avait jamais eu le spectacle de deux flottes luttant, dans de gigantesques régates, pendant plusieurs jours, de vitesse. Figurons-nous le blocus de Toulon, rompu en vue de l'escadre de Nelson par l'expédition d'Égypte; imaginons-nous la colonie d'Alger repliée sur elle-même et tendant les bras à des secours que l'ennemi suit de près : quel nuage de voiles, dans le premier cas, on aurait déployé! quelle consommation de houille on ferait dans le second! L'anxiété cependant dut être plus fiévreuse encore durant cette longue joute où le céleuste inquiet continua vraisemblablement de marquer plus d'une fois la cadence, quand déjà l'aviron, lassé et insensible au rhythme, ne savait plus que battre l'onde à coups inégaux. De Syracuse au point le plus rapproché de la côte d'Afrique, quel que soit le chemin que l'on prenne, la distance ne saurait être inférieure à soixante-quinze ou à quatre-vingts lieues. Immense traversée pour des bâtiments à rames! Le chevalier de Cernay s'applaudit comme d'un tour de force d'avoir osé faire voguer ses forçats d'une haleine d'Antibes à Monaco, en allant à Gênes, et du mouillage de Cavalaire à la petite passe des îles d'Hyères au retour. On ne saurait admettre que le passage de la Sicile en Libye se soit accompli sans qu'à diverses reprises le mât ait été dressé et la voile livrée à un vent favorable. L'opération était laborieuse à bord de nos quinquérames; je suppose que les anciens usaient de mâts moins lourds et de voiles moins vastes. Je remarque, il est vrai, de bien longues antennes à bord des navires que la princesse Haïtschopou, fille de Thoutmôs Ier, envoya, vers le neuvième siècle avant notre ère, explorer dans la mer Érythrée les Échelles de l'encens; mais ces navires dont je dois la connaissance à une gracieuse communication de

M. Maspero, ne sont ni des trières, ni des quinquérèmes; ce sont bien plutôt de grands *pros* malais. Les navires d'Agathocle n'auraient pu s'embarrasser d'une semblable voilure qu'à la condition de vouloir combattre, comme le firent nos galères, les mâts hauts, et telle ne paraît pas avoir été la coutume des anciens. Tout nous donne à penser que les anciens se faisaient un jeu du mâtage et du démâtage de leurs vaisseaux longs; dès que le vent s'annonçait contraire, ils couchaient à la fois vergues et mâts sur le pont. Nous nous contentions, au seizième et au dix-septième siècle, d'abaisser nos antennes. « C'est l'usage des galères, dit un des nombreux manuels de manœuvre qui nous sont restés de cette époque, d'abord que le vent calme, d'amener les voiles. Ce manége se fait trop souvent peut-être, car il fatigue la chiourme presque autant que la rame. La chiourme aimerait mieux voguer toujours en avant, sans discontinuer, que d'être obligée de hisser cinq ou six fois les antennes de mestre et de trinquet. » Sait-on quelle était la longueur de ces vergues sur les galères subtiles? Cent sept et quatre-vingt-seize pieds. Les basses vergues d'un vaisseau de 74 n'ont jamais dépassé quatre-vingt-dix et quatre-vingt-deux pieds. J'estime trop les anciens, ou du moins les Grecs, pour croire qu'ils soient tombés, avant d'avoir eu l'esprit gâté par l'Asie, dans de pareilles exagérations.

Tantôt à la rame, le plus fréquemment, je pense, à la voile, la flotte d'Agathocle poursuivait son chemin. Quelle route a-t-elle prise? Diodore de Sicile l'ignorait sans doute, car il ne nous apprend rien sur ce point. Je sais fort bien, pour moi, celle que j'aurais choisie : j'aurais longé toute la côte de Sicile jusqu'à Sélinonte, et de là j'aurais coupé au plus court sur Porto-Farine. Est-ce là l'itinéraire adopté par Agathocle? J'inclinerais vraiment à le croire, quand je lis dans Diodore de Sicile la description des lieux où la flotte de Syracuse aboutit. Cette flotte était en mer depuis six jours et six nuits, les Carthaginois avaient perdu sa trace; le septième jour, au matin, le hasard mit de nouveau les deux escadres ennemies en présence. La chasse reprend plus vive et plus acharnée que jamais.

« Je ne trouve que quatre manières de voguer, écrivait à la fin du dix-septième siècle un de nos capitaines de galères. La première, c'est de faire toucher le genou de la rame sur le banc où l'on monte en y mettant le pied. Telle est la vogue qu'on emploie lorsqu'on sort du port ou lorsqu'on y entre. J'ai vu autrefois voguer sur la réale continuellement *à toucher banc,* surtout lorsque le général y était. Cette vogue est bien la plus belle, mais aussi elle est la plus fatigante pour la chiourme. La seconde vogue, dite *la vogue à passer le banc,* est celle dont on fait usage lorsqu'on est en route. On monte sur le banc sans le faire toucher par le genou de la rame. La troisième vogue se nomme *la passe-vogue,* en d'autres termes la vogue à coups pressés. Je la considère comme la pire de toutes. Je ne voudrais jamais m'en servir; elle fatigue trop la chiourme et ne fait pas pour cela mieux avancer la galère. La passe-vogue n'est bonne que pour une petite course, pour une course d'une lieue au plus. La quatrième et dernière vogue consiste à faire donner une vogue bien large et à ne pas passer le banc. Cette vogue peut servir lorsque vous voulez ménager votre chiourme et ne la pas fatiguer. Je la juge inutile, car en ce cas il vaut encore mieux faire voguer par quartier. Pour bien voguer, il faut que la chiourme de la bande droite, — nous dirions aujourd'hui du côté de tribord, — monte de la jambe droite sur le banc et soit ferrée de la jambe gauche. La chiourme de la bande sénestre, — du côté de bâbord, — mettra le pied gauche sur le banc et sera ferrée de la jambe droite. »

Un seul mot nous suffit, je pense, pour écarter toute ambiguïté de ce texte. Le banc sur lequel les rameurs mettent le pied est le banc de nage qui se trouve immédiatement devant eux. L'enjambée était grande à bord des quinquérèmes; on facilita le mouvement en plaçant sous le banc un barrot qui reçut, de l'usage auquel on le destinait, le nom de *pédague*. Rendons grâce à ces capitaines par qui nous avons été si bien renseignés! Que les anciens n'ont-ils mis dans leurs œuvres cette inappréciable précision! ou plutôt que ne refusâmes-nous aux commentateurs et aux numismates le droit d'intervenir dans une question assez embrouillée déjà! Car enfin il faut être juste : entre Virgile et Barras de la Penne, pour nous faire une idée de la passe-vogue, de la *voga arrancata,* il semble en vérité que nous n'ayons que l'embarras du choix.

Écoutons d'abord Barras de la Penne : « On met, dit-il, dans une galère ordinaire cinq rameurs à chaque rame. Celui qui tient le bout de la rame fait plus de force que les autres; c'est lui qui conduit le mouvement. On l'appelle *vogue-avant*. Tous les rameurs regardent la poupe. On considère trois temps dans l'action du rameur : dans le premier, il se lève de son banc; dans le second, il pousse le genou de la rame vers la poupe de la galère. C'est alors que le vogue-avant fait un pas et monte du pied droit sur la pédague, pendant que son autre pied demeure appuyé sur la banquette. Il allonge son corps et ses bras vers la poupe. Les autres rameurs se sont aussi levés et ont fait également un pas plus ou moins grand, selon qu'ils sont plus ou moins rapprochés du bout de la rame. Au troisième temps, les rameurs retombent sur leur banc en se renversant vers la proue, les bras toujours tendus. Ils font décrire ainsi au genou de la rame une espèce de demi-cercle. C'est dans ce troisième temps que la pale de la rame se plonge dans la mer et fait force sur l'eau qu'elle chasse vers la poupe. »

Virgile est plus bref; il n'en dit pas moins en quelques mots. Quatre navires se disputent le prix de la course : la *Baleine,* la *Chimère,* le *Centaure,* la *Scylla* peinte en vert. La *Chimère,* masse énorme, est bien une de ces trirèmes que Virgile a dû voir plus d'une fois évoluer dans le golfe de Naples. Une triple file de jeunes Troyens est rangée sur ses rames, et la voix du céleuste fait lever de chaque banc trois rameurs à la fois :

> Urbis opus, triplici pubes quam Dardana versu
> Impellunt; terno consurgunt ordine remi.

Brillants d'or et de pourpre, les capitaines ont pris poste à la poupe; les rameurs se sont assis à leurs bancs. Le front couronné de branches de peuplier, les épaules nues, le buste luisant d'huile, ils attendent le signal, la main sur l'aviron, le corps penché en avant, les bras déjà tendus. La trompette résonne, un grand cri lui répond, les quatre vaisseaux bondissent, libres de toute entrave. Les muscles de la chiourme ont, d'un commun effort, brusquement attiré toutes les poignées d'aviron vers la proue. Un bouillonnement soudain s'est produit; la pelle de la rame retourne le flot sur lui-même, comme le soc de la charrue verse de côté le sol qu'il déchire.

Adductis spumant freta versa lacertis.

Nous n'en sommes cependant encore qu'à la quatrième vogue, — à la vogue assise. — Voici venir le moment décisif, le moment de la lutte suprême. Le capitaine du *Centaure* court de sa personne au centre du couloir. — Disons, si vous l'aimez mieux, de l'*agea*, de l'*aditus*, de la *coursie*, — sorte de corridor qui sépare les rameurs de la bande droite, des rameurs de la bande sénestre : « Debout, s'écrie-t-il, compagnons d'Hector! *Arranque et casque à proue!* »

Nuuc, nunc insurgite remis!

Les rameurs se dressent; tout le poids de leur corps va désormais peser sur l'extrémité du levier.

Certamine summo
Procumbunt.

N'est-ce point assez clair? laissons Lucain venir ici en aide à Virgile : « Ils retombent sur leurs bancs, nous dira dans ces vers qui ont chanté l'agonie de la liberté romaine l'auteur de la *Pharsale*, et le bout de la rame vient frapper leur poitrine. »

> In transtra cadunt et remis pectora pulsant.

Je souhaite bonne chance aux rameurs d'Agathocle, mais je les vois d'avance aussi essoufflés que les jouteurs de Virgile. Leur flanc est haletant et leur bouche se dessèche; une sueur abondante ruisselle sur tout leur corps.

> Creber anhelitus artus
> Aridaque ora quatit; sudor fluit undique rivis.

« Si vous usez trop longtemps de la passe-vogue, a dit le prudent capitaine que je ne saurais me lasser de citer, vous mettrez votre chiourme hors d'haleine. » Agathocle n'avait réussi à embarquer douze mille hommes sur ses soixante trirèmes qu'à la condition de confier le maniement de la rame aux soldats de Syracuse, aux mercenaires grecs, aux Samnites, aux Tyrrhéniens, aux Celtes; il emmenait très-peu de rameurs de profession; les chiourmes de Carthage se composaient au contraire en majeure partie de vieux galériens. Aussi les

Carthaginois gagnèrent-ils rapidement du terrain. Les deux flottes atteignent presque en même temps le rivage. Un combat s'engage sur la grève : les soldats d'Agathocle ont repris ici tout leur avantage; la pique en main, ils refoulent promptement les Carthaginois sur leurs vaisseaux.

Quand on a débarqué en pays ennemi, que faut-il faire? Il faut avant tout ne pas s'attacher au littoral, ne pas essayer de s'y retrancher; on serait bientôt investi si l'on n'était pas affamé. Voilà pourquoi la meilleure protection que puisse espérer une contrée qui se trouve exposée à de soudaines descentes est encore quelque large ceinture de terrain désert, surtout quand ces déserts se composent, comme ceux du Mexique, de vingt-cinq lieues de terres chaudes. Agathocle par bonheur était tombé sur un district fertile. Il mit le feu à ses vaisseaux, après en avoir retiré ce qui se pouvait emporter à dos d'homme, et prit sur-le-champ la route qui devait le conduire dans l'intérieur. Nous avons de vaillants soldats; ne leur demandez pas de porter autre chose que leurs sacs, et encore attendez-vous à ce qu'ils les trouvent bien lourds quand ils auront parcouru sous un soleil ardent quinze ou seize kilomètres. La force de résistance de nos armées ne peut se comparer à celle dont firent preuve en mainte occasion les armées grecques. Le pays au sein duquel s'engageaient les troupes d'Agathocle était entrecoupé de jardins et de vergers qu'arrosaient de tous côtés des canaux et des sources. Des maisons de campagne d'une construction à la fois solide et élégante bordaient la route; sur les coteaux s'étalaient de grands champs de vigne ou s'étageaient des bois d'oliviers. L'aspect de la Sicile n'eût pas respiré davantage la richesse. L'armée d'Agathocle rencontrait un véritable Éden; non-seulement elle n'avait pas à craindre de souffrir de la soif ou de mourir de disette, mais elle trouvait, à peine débarquée, le moyen de monter sa cavalerie. Des bandes de chevaux, d'innombrables troupeaux de bœufs et de moutons paissaient en liberté dans les opulentes prairies de la plaine

Mégalopolis, — quelle était cette ville? — fut rapidement enlevée par surprise. Les Carthaginois étaient habitués à porter l'invasion chez les autres; ils n'avaient jamais songé qu'ils auraient à la repousser à leur tour. De Mégalopolis, Agathocle se porta sous les murs de Tynès la Blanche. Tynès, ou pour mieux dire Tunis, — car on s'entend mieux quand on fait usage des noms modernes, — n'était, suivant Diodore, qu'à trente-six ou trente-sept kilomètres de Carthage. Malgré son enceinte de murailles blanchies, comme nous les voyons encore de nos jours, à la chaux, Tunis ne pouvait passer pour une place forte; elle se croyait sans doute suffisamment protégée par le grand lac salé qui débouche au fond du vaste golfe dont Carthage occupait le bord. Agathocle, arrivant de Porto-Farine, attaquait les remparts du côté de la plaine; Tunis n'essaya pas même de se défendre. Tout allait donc à souhait. Les Carthaginois revenaient cependant peu à peu de leur stupeur. Les vieilles troupes se trouvaient en Sicile; le seul parti à prendre était de faire de nouvelles levées. On sait ce que valent ces armées qu'on improvise à la veille d'une bataille. Les généraux de Carthage, Hannon et Bomilcar, n'en marchèrent pas moins à la rencontre d'Agathocle. Ils avaient rassemblé quarante mille fantassins, un millier de cavaliers et deux mille chars. Le matériel de guerre n'est jamais ce qui manque à une grande cité; mais ces chars, dont les bas-reliefs retrouvés dans les ruines de Ninive nous offrent probablement une image exacte, n'étaient bons qu'à faire peur aux Libyens; les Grecs ouvrirent leurs rangs et les laissèrent passer. Un certain désordre se produit néanmoins dans la ligne épaisse qu'ils traversent; Hannon saisit le moment, l'infanterie carthaginoise s'ébranle; elle se jette, à la suite des chars, dans la trouée. La trouée se referme sur elle. Ce ne fut pas un combat, ce fut un massacre. Hannon fit une résistance désespérée ; quand il s'affaissa, il était couvert de blessures. Son collègue, Bomilcar, essaya de se retirer en bon ordre sur une hauteur voisine ; la panique se mit dans sa troupe, et les fuyards ne s'arrêtèrent que sous les murs de Carthage. Agathocle était maître de la Libye. La journée ne lui avait pas coûté deux cents hommes.

La plupart des villes que Carthage retenait autrefois dans son alliance n'attendirent pas même les sommations de l'envahisseur pour se soumettre. La première maille rompue, tout le réseau, en pareil cas, s'échappe. Avec une activité merveilleuse, Agathocle tirait parti de ce désarroi. Il était aujourd'hui sur le littoral, le lendemain il courait aux confins du désert, puis brusquement on le voyait revenir vers la mer. Il portait un coup aux Libyens, un nouveau coup aux Carthaginois, allant d'une place à l'autre, conquérant à chaque pas des alliés et faisant vivre sa petite armée dans l'abondance. Carthage un instant se crut perdue. Elle avait demandé des renforts en Sicile ; Amilcar ne put lui envoyer que cinq mille hommes. Il promettait davantage quand il aurait fait tomber Syracuse.

Les Syracusains en effet étaient aux abois. Investis par terre, bloqués du côté de la mer par la flotte ennemie, il leur restait peu de vivres. Une barque à trente rames, construite par Agathocle avec des bois coupés en Afrique, parvint à passer à travers la croisière qui gardait l'entrée du grand port. Les souverains audacieux font les capitaines intrépides; une trirème de Carthage menaçait déjà de sa proue la barque sicilienne traquée par toute une armée, quand une volée de flèches lancées par les balistes arrêta court la poursuite. Les Syracusains apprirent ainsi l'éclatante victoire qu'Agathocle venait de remporter en Libye. Ce n'était pas l'heure de capituler en Sicile. Toutes les offres d'Amilcar furent repoussées avec indignation, toutes ses menaces ne firent que raffermir la résolution de tenir jusqu'à la dernière extrémité. L'hiver approchait, et le blocus deviendrait nécessairement moins étroit. Amilcar comprit la nécessité de brusquer les choses; il donna un assaut général à la place. Cet assaut, malgré la furie guerrière qu'y apportèrent les Carthaginois, vint se briser contre la solidité des défenseurs groupés sur les remparts. Le suffète avait voulu diriger l'attaque en personne; il tomba presque mort aux mains des Syracusains. On le chargea de fers et on le traîna ainsi enchaîné dans les rues de la ville. Quand on l'eut accablé de mauvais traitements et abreuvé d'outrages, on lui trancha la tête. Agathocle reçut ce trophée en Libye. La fortune secondait partout ses armes.

CHAPITRE IX.

L'ABUS DE LA VICTOIRE.

On a eu raison de le dire : il ne suffit pas de vaincre, il faut aussi savoir user de la victoire. J'ajouterai qu'il n'est peut-être pas moins important de savoir n'en pas abuser. Mais où commence l'abus? Le succès généralement en décide. Nous a-t-on assez conseillé d'évacuer la régence conquise par la Restauration sur les Barbaresques? La Restauration elle-même ne voulut-elle pas la donner au pacha d'Égypte? Et pourtant, lorsque dans quelques siècles on demandera ce que faisait la France pendant que se déplaçaient en Europe les vieilles suprématies et que tant de nations reculaient les bornes de leur territoire, nos arrière-neveux ne seront-ils pas fiers de pouvoir répondre : « La France, en ces jours sombres, faisait l'Afrique française »? Bien des œuvres éphémères passeront : pour la postérité, il n'en restera peut-être que deux dignes de prendre place dans l'enseignement historique des écoles : la colonisation de l'Algérie et le percement de l'isthme de Suez. Ce fut la tâche de la même génération : à l'avenir d'employer aussi bien son temps ! Qu'était venu chercher Agathocle en Libye? La paix que les Carthaginois lui refusaient en Sicile. Cette paix, Carthage ne la refusait plus ; elle l'aurait implorée au besoin. Pourquoi donc Agathocle ne songeait-il pas à traiter? C'est qu'Agathocle se croyait alors de force à mener à bonne fin ce que les Romains ne devaient accomplir que cent soixante-quatre ans plus tard. Il voulait ruiner à jamais l'ascendant de Carthage et fonder un empire grec en Afrique. Ne pouvait-il, en effet, nourrir le juste espoir d'hériter de la colonie phénicienne, puisque Alexandre avait bien pu se substituer en Asie à Darius ?

Le tyran sicilien n'aurait pas conçu ce projet, que d'autres y auraient probablement dirigé leur ambition. Chacun, à cette époque, rêvait les destinées d'un Cassandre ou d'un Séleucus ; le monde déchiré appartenait aux officiers de fortune. Chassées de leur patrie par les troubles civils, des populations entières d'exilés erraient en tous lieux, cherchant un camp plus encore qu'une cité qui les accueillît, prêtes à grossir la première armée qui voudrait solder leurs services. Un lieutenant de Ptolémée,

Ophellas, pressé de s'affranchir d'une tutelle importune et de se créer un rôle indépendant, recruta parmi ces volontaires une troupe nombreuse et se rendit maître des villes de la Cyrénaïque. Le bruit de ses progrès ne tarda pas à parvenir aux oreilles d'Agathocle. Était-ce un rival que le sort lui suscitait? Ophellas serait un rival s'il ne devenait pas un allié. Agathocle ne désespéra point de circonvenir le vaillant soldat qui fut peut-être aussi brave qu'Ajax, mais qui ne paraît pas avoir possédé la prudence d'Ulysse. Il détacha près du condottiere un agent investi de sa plus intime confiance. « Partez, lui dit-il, et tâchez de faire comprendre à Ophellas que je ne suis pas venu en Libye pour accroître mes domaines; je n'ai d'autre ambition que d'obliger les Carthaginois à évacuer la Sicile. Si j'eusse eu le goût des conquêtes, n'avais-je pas l'Italie sous la main? Me serais-je exposé à traverser une mer orageuse quand il me suffisait de franchir un détroit large de quelques lieues à peine? Qu'Ophellas vienne m'aider à humilier l'orgueil de Carthage, je le laisserai volontiers le maître en Afrique! » Ophellas ne soupçonna pas ce que pouvait renfermer de ruse le cœur d'un tyran sicilien. Il se mit en campagne avec plus de dix mille hommes d'infanterie, avec six cents cavaliers, avec cent chars de guerre; il marcha deux mois à travers les sables, sous un soleil brûlant, et arriva enfin, après d'incroyables fatigues, au camp d'Agathocle. L'imprudent allait au-devant de sa destinée. Ce n'était pas un allié, c'étaient des renforts que voulait le grand parvenu qui se faisait un jeu des serments les plus solennels; Ophellas lui amenait ce qu'il n'avait plus le moyen de faire venir de la Grèce ou de l'Italie. L'accueil que réservait Agathocle au héros fourvoyé entretint pendant quelque temps ses illusions; mais bientôt une collision naquit entre les deux armées à l'occasion du partage du butin. Des deux côtés on courut aux armes. La lutte était trop inégale pour ne pas se terminer promptement à l'avantage de celui qui l'avait artificieusement provoquée. Ophellas, entouré, résista jusqu'au bout. Il mourut sans demander quartier, comme devait mourir un compagnon d'Alexandre. Ses troupes passèrent sur-le-champ dans les rangs de l'armée sicilienne.

A partir de ce jour, Agathocle ne fut plus un tyran; il prit le titre de roi, aux acclamations enthousiastes des soldats d'Ophellas aussi bien que des siens. Il se fût fait adorer comme un dieu, s'il en eût conçu la pensée; il était trop sceptique et d'esprit trop narquois pour convoiter de pareils honneurs : ce n'est pas d'encens que semblables natures se nourrissent. Et d'ailleurs, à quoi bon?

Ce qui pouvait être utile en Asie, où l'on vénérait des dieux bienfaisants, devenait superflu dans l'Afrique, vouée aux sanglants sacrifices de Moloch. Tout ce qui rendait un culte superstitieux à la force ne se prosternait-il pas déjà devant Agathocle? Utique et Bizerte ne venaient-elles pas de lui ouvrir leurs portes? Si les populations mêmes qui avaient mêlé leur sang à celui des Carthaginois, les *coulouglis* de cet âge lointain, se courbaient avec tant de docilité sous le sceptre nouveau, que ne devait-on pas attendre de la race indigène! Dépossédés jadis par Carthage, maintenus dans le respect de sa domination uniquement par la crainte, les Libyens accueillirent Agathocle comme un vengeur. Il ne restait plus à soumettre que les Numides.

Bien des armées, depuis que l'Afrique existe, se sont consumées dans cette entreprise. La soumission des Numides ne pouvait être, en tout cas, l'œuvre d'une campagne. Agathocle remit à son fils Archagathus le soin de contenir cette cavalerie nomade, qu'il était moins difficile encore de vaincre que d'atteindre, et, au printemps de l'année 307, il quitta les côtes de la Libye pour rentrer en Sicile. Sa présence y devenait de jour en jour plus indispensable. La mort d'Amilcar avait eu d'étranges conséquences; les Carthaginois n'étant plus à craindre, les divisions intestines à l'instant reparurent. Il y a bien, convenons-en, quelque sujet d'être divisé, là où il y a presque autant de bannis que d'heureux citoyens assis à leur foyer. Les habitants de Syracuse qui étaient parvenus à franchir les murs de cette ville, le jour du grand massacre, se rassemblèrent sous un chef; les Agrigentins voulurent, de leur côté, avoir leur général; la campagne se trouva en proie aux bandes de partisans qui s'en disputaient la possession. Au plus fort de cette anarchie, Agathocle prit terre à Sélinonte; il avait traversé le canal de Malte avec deux mille hommes d'infanterie, embarqués sur des navires non pontés, mais rapides, — sur des pentécontores. — Le général Bonaparte ne déjoua pas la surveillance des croisières anglaises avec plus de bonheur et ne débarqua pas plus à propos à Fréjus. La Sicile revoyait son tyran après quatre années d'absence; l'espoir rentra sur-le-champ dans son cœur. Agathocle ne lui ramenait cependant point une armée, mais la malheureuse île s'était habituée à n'attendre son salut que de la tyrannie.

L'ordre renaissait à peine sur ce sol bouleversé, qu'un cri de détresse, parti de la Libye, traversa les mers : Archagathus s'était fait battre par les Carthaginois. Agathocle chargea son frère Leptine de poursuivre la guerre en Sicile contre les mécontents et se tint prêt à passer de nouveau en Afrique.

La flotte carthaginoise venait cependant de reprendre son poste devant Syracuse; les revers répétés infligés sur terre à Carthage ne lui avaient pas ravi la suprématie maritime. Agathocle réussirait-il aussi bien cette fois à forcer le blocus? Il attendait de la Tyrrhénie une escadre de dix-huit trirèmes et en tenait dix-sept autres équipées dans le port. Les navires tyrrhéniens se glissèrent de nuit le long de la côte, et la baie de Syracuse les reçut sous l'égide de ses catapultes, avant que les Carthaginois pussent les arrêter. Agathocle possédait désormais le moyen de combattre; il résolut de tenter une sortie de vive force. Essayera-t-il de rompre la barrière en se ruant brutalement de toute sa vitesse sur la ligne de front que l'ennemi ne saurait manquer de lui opposer? Ce moyen héroïque n'exige pas grand effort d'esprit, et Agathocle est, avant tout, un général ingénieux. Dès qu'il s'agit de stratagèmes, il faut, je le répète, toujours consulter les anciens. On peut dire qu'en paix comme en guerre, l'antiquité a passé sa vie à ruser. Agathocle partage ses forces en deux divisions. A la tête des dix-sept navires de Syracuse, il sort en plein jour du port; les Carthaginois, ainsi qu'il l'a prévu, se lancent à sa poursuite. A peine ont-ils tourné leurs proues du côté du large, que les dix-huit vaisseaux tyrrhéniens se mettent à leur tour en mouvement.

Agathocle guettait leur entrée en scène; il fait soudain volte-face. L'ennemi se trouve pris non pas entre deux feux, mais entre deux rostres, ce qui est peut-être plus périlleux encore. Je n'ai jamais servi dans un port bloqué ; j'ai assisté, en revanche, à plus d'un blocus. Je déclare qu'une manœuvre analogue à celle d'Agathocle, si elle eût été tentée par les navires autrichiens que j'avais, en 1859, la mission de tenir enfermés dans le port de Venise, m'aurait fort embarrassé. Les Autrichiens disposaient de trois issues, dont une seule, il est vrai, était profonde : Chioggia, Malamocco, le Lido. — Agathocle semble n'en avoir eu qu'une, car personne ne nous dit qu'il sortit du petit port pendant que les Tyrrhéniens s'apprêtaient à sortir du grand. La déroute des Carthaginois fut complète. Resté maître de la mer, pourquoi Agathocle ne continua-t-il pas sa route ? pourquoi ramena-t-il sa flotte à Syracuse ? Agathocle jugea trop dangereux de laisser derrière lui, exposée à la famine, une ville qui était le berceau et le siége de son autorité. Il voulait s'occuper, en personne, d'en assurer le ravitaillement. Besoin n'était d'ailleurs de presser le commerce maritime de reprendre son cours. La voie libre et le chemin sûr, la navigation marchande ne demande pas autre chose. Au bout de quelques jours, l'abondance, que depuis longtemps Syracuse ne connaissait plus, régna dans la cité; les campagnes seules continuaient de souffrir encore. Leptine reçut l'ordre d'aller offrir le combat aux Agrigentins et aux exilés, que l'imminence du péril mettait pour un instant d'accord. Les vieilles bandes de Syracuse dispersèrent sans peine ce rassemblement.

La Sicile était pacifiée, et cependant Agathocle différait encore son départ. Des sacrifices aux dieux, des banquets à ses amis, des supplices à ses adversaires, il ne lui fallait pas moins pour consacrer et sceller son triomphe. Enfin, il s'embarqua et alla rejoindre en Libye l'armée d'Archagathus. Tout était bien changé sur le théâtre de son ancienne gloire. Il ne trouva plus que des soldats affamés, en haillons, des soldats sourds aux ordres de leurs chefs. « Vous m'avez appelé, leur dit-il, me voici! Êtes-vous prêts à me suivre? Je vais vous conduire sur-le-champ à l'ennemi; on ne sort de la situation où vous êtes que par la victoire. » Une acclamation unanime répond à ce bref discours. Les soldats, brandissant leurs armes, courent se ranger d'eux-mêmes en bataille. Il restait encore six mille Grecs, un nombre presque égal de Celtes, de Samnites, de Tyrrhéniens, dix mille Libyens et quinze cents cavaliers. La fidélité des Libyens était plus que douteuse. Les forces considérables que

Carthage avait rassemblées pendant l'absence d'Agathocle leur faisaient assez prévoir de quel côté pencherait la fortune, et il ne faut pas demander à des alliés de la veille de servir avec grand élan une cause qui tourne mal. Le combat s'engagea néanmoins; les plus héroïques efforts ne purent assurer la victoire au parti le moins nombreux. Agathocle fut battu. Dès lors, il ne s'agissait plus de conquérir la Libye; ce serait déjà beaucoup si l'on parvenait à sauver la Sicile. Les moyens de transport manquaient pour emmener les troupes. Agathocle résolut de s'embarquer secrètement avec quelques amis et avec son plus jeune fils, Héraclide. L'apparente défection du général n'était, à tout prendre, dans cette occasion, que l'impérieux devoir du souverain. Allez donc faire comprendre cette subtile distinction à des soldats! Quand l'armée apprit le départ clandestin de son chef, sa consternation et sa rage furent portées au comble. Elle courut aux tentes d'Archagathus et des principaux officiers, massacra tous ceux qu'elle soupçonnait d'avoir favorisé la fuite d'Agathocle et se hâta d'élire de nouveaux généraux. Carthage, encore émue de la redoutable invasion qui l'avait mise à deux doigts de sa perte, préparait heureusement à ces troupes mutinées un pont d'or; elle offrit aux soldats, pour qu'ils missent bas les armes, 1,650,000 francs.

Ceux qui voulurent entrer à son service furent enrôlés aux conditions magnifiques que Carthage faisait d'habitude à ses mercenaires, conditions qui lui assuraient sur tous les marchés d'hommes, en Espagne, comme en Italie, comme en Grèce, une juste préférence. Quant à la portion de l'armée qui désira retourner en Sicile, le sénat de Carthage l'y fit transporter sur ses propres trirèmes et lui assigna pour résidence la ville de Solonte. Il la savait trop bien compromise par le sang qu'elle avait versé, pour conserver la crainte de la voir retourner d'elle-même sous le joug d'Agathocle. Ce fut ainsi que la grande colonie de Tyr échappa au plus sérieux danger qu'elle eût encore couru depuis son établissement sur le sol africain. Pendant quatre ans, son existence sembla ne tenir qu'à un fil.

CHAPITRE X.

LES LEÇONS D'AGATHOCLE.

On ne saurait trop admirer l'énergie, l'esprit de décision, la fécondité de ressources que sut déployer Agathocle dans le cours de sa mémorable campagne. Que manqua-t-il au tyran sicilien pour devenir le rival d'Alexandre? Il lui manqua probablement d'être né sur le trône. On ne tient peut-être pas assez compte aux hommes qui n'ont dû leur élévation qu'à eux-mêmes, des difficultés qui ont entouré leurs premiers pas et qui les suivent jusque dans leur grandeur. «Si j'avais été mon petit-fils!» disait Napoléon parvenu au faîte de sa puissance. Mais eût-il, dans ce cas, été Napoléon? Nourri dans la pourpre, il aurait probablement possédé d'autres vertus; il n'aurait pas eu celles que donne aux âmes bien trempées l'habitude de la lutte acquise dès le bas âge. Le centaure Chiron a fait l'éducation d'Achille; les temps troublés font l'éducation des César, des Cromwell et des Bonaparte. Plus d'un germe alors peut périr étouffé; la tige qui parvient à se dégager de la végétation touffue sous laquelle ont succombé les plantes plus délicates, montre, par cet effort même, qu'elle est faite pour étendre au loin son ombrage. Ne lui demandez pas la majesté sereine de l'arbre dont un air pur caressa, au sortir de terre, les bourgeons naissants. Entravée dans son premier essor, la séve puissante qui bout sous la rugueuse écorce ne cessera jamais d'avoir des transports indociles. Vous verrez grandir, d'un élan sublime, le maître impérieux de la forêt; vous n'aurez pas le protecteur séculaire et patriarcal de la pelouse. Au pied d'un de ces chênes se tordront les vipères, — c'est déjà quelque chose; — sous l'ombre de l'autre, auraient dormi, avec confiance et sécurité, les petits enfants.

Tous les peuples ont connu ces heures d'épreuve et de deuil où la tradition s'interrompt; tous ont eu à pleurer quelque duc de Bourgogne ou quelque futur Marcellus :

Nimium vobis Romana propago
Visa potens, superi, propria hæc si dona fuissent

«Rome, dieux immortels, vous eût sans doute paru trop puissante si elle eût conservé le présent que, dans votre clémence, vous aviez daigné lui faire. »

L'heure est à ces rapprochements douloureux, et, puisque l'histoire elle-même m'y convie, qu'il me soit permis, sans manquer aux devoirs de ma situation, d'adresser ici le tribut ému de mon fidèle respect à la grande et touchante infortune dont, le cœur navré, je n'ai pas été le dernier à prendre ma part. Les âmes généreuses, j'en suis sûr, me comprendront, et la générosité ne peut avoir cessé d'être une vertu française. « Cet humble Ilion, image de la superbe Troie », qui emporta jadis, avec ses dieux lares, le culte et le regret de la patrie absente, est devenu le séjour des larmes : un soldat du cruel Ulysse lui-même en serait touché. Mon métier n'est pas de philosopher; ce n'est pas pour cela que je fus envoyé, il y a plus d'un demi-siècle, à l'école navale. Je ne puis me défendre cependant de glisser quelquefois sur la pente où tant d'autres, qui ne s'y sont guère mieux préparés que moi, s'aventurent; mais que vaut la philosophie dans de pareilles épreuves? Qu'elle cède la parole à la chaire chrétienne : c'est de là seulement que tomberont les vraies consolations. Quiconque a souffert pensera comme moi. Il pourrait y avoir pour les heureux plus d'une religion ; le christianisme seul est la religion de la douleur. Je n'ignore pas qu'il est assez de mode aujourd'hui de se réfugier dans le panthéisme; ma faiblesse ne saurait s'accommoder d'un pareil asile. Que d'autres contemplent les cieux et y cherchent, dans une muette admiration, la main du Créateur; la création, je n'essayerai pas de le cacher, ne m'a jamais attiré que par les manifestations de la vie. Les caresses du chien, la gaieté des oiseaux, parlent plus à mon cœur que la pyrrhique éternelle des astres. Les fleurs et les arbres, ces êtres vivants d'un ordre inférieur, ont eux-mêmes leur langage : les points d'or qui constellent la voûte du firmament, je les interroge en vain; ils se contentent de briller d'un éclat monotone et ne me rendent pas sensation pour sensation. Un beau jour, une nuit sereine, peuvent caresser mes sens; ils ne ravissent pas mon esprit. Le culte de la matière a sa poésie peut-être : foin de cette poésie brutale qui voudrait me réduire au rôle d'atome! L'homme est tellement resté pour moi le roi de l'univers, que j'ai quelque peine à me figurer l'auteur de la vie sans le façonner à notre image. Je vois sans cesse ce principe suprême, attentif à nos actes, ne refusant son intérêt ni à nos travaux, ni à nos passions, ni à nos vertus. Je l'abaisse jusqu'à moi; n'est-ce pas un détour pour m'élever plus sûrement jusqu'à lui?

It must be so, Plato, thou reason'st well.

Ainsi parlait Caton, quand il songeait à échapper par la mort à la tyrannie de César. Caton cependant n'est pas au nombre des grands hommes dont je voudrais protéger la mémoire à outrance: il y a un coup de poing de trop dans sa vie.

Oui, Platon! tu dis vrai, notre âme est immortelle!

est une belle parole, surtout quand on la prononce à deux doigts du trépas; fermer le livre et se détourner pour frapper au visage un esclave attendri est une vilaine action. Le coup fut si violent, que le poing de Caton en demeura tout enflé; il fallut qu'un médecin vînt panser, de son mieux, la honteuse blessure, et quand le dernier des Romains jugea le moment venu, quand il se voulut enfoncer son glaive dans la poitrine, la main endolorie, par un juste châtiment, fit imparfaitement son office. Caton d'Utique ne réussit pas à se tuer sur-le-champ. Il croyait ne laisser une leçon qu'à sa patrie; il en laissait une au monde. Le monde des anciens n'était fait ni pour le faible ni pour le pauvre. On y adorait la force, on y honorait l'orgueil; on n'avait oublié qu'une chose : d'élever un autel à la douceur. Ce fut le christianisme qui se chargea de ce soin. Et vous vous étonnerez que le monde soit venu baiser les pieds, les beaux pieds poudreux qui lui apportaient la bonne nouvelle! Il est né un nouveau Dieu, le Dieu des esclaves et des humbles, le Dieu de ceux qui n'en avaient pas.

De retour en Sicile, Agathocle y retrouva l'anarchie. Il avait beau frapper, l'hydre gardait toujours quelque tête. Une fois encore le fils de Carcinus eut recours à son glaive, puis il reprit la cuirasse et la lance. Le général des bannis, Dinocrate, avait à cette époque une armée de beaucoup plus nombreuse que l'armée du tyran; Agathocle réussit cependant à le vaincre. Le prestige d'une autorité dévolue par le peuple combattait pour le vieux lion, et les défections lui aplanirent la route. Impitoyable dans les heures de détresse, Agathocle eut le triomphe clément. Qu'on s'appelle Agathocle, Octave ou Henri IV, il faut toujours finir par le pardon. Dinocrate devint le plus fidèle allié et le meilleur lieutenant de l'irrésistible adversaire contre lequel il avait tenu trois ans la campagne. Ce fut lui qui rangea sous les lois d'Agathocle les forteresses et les villes obstinées dans la sédition.

Agathocle avait hâte de pacifier la Sicile, car il ne renonçait pas au projet de faire payer aux Carthaginois les frais de cette nouvelle guerre intestine;

son cœur ne gardait de haine que contre l'étranger. La haine ne tient lieu ni de bonnes armées, ni de vaillantes flottes; ce n'est pas avec de la haine seulement qu'on passe en Libye. Agathocle imprima un redoublement d'activité aux chantiers de Syracuse. Bientôt il eut à ses ordres deux cents bâtiments à quatre, à cinq et même à six rangs de rameurs. Le poignard de Ravaillac arrêta Henri IV au moment où il allait marcher à l'accomplissement « de la grande idée » ; le grain de sable de Cromwell suspendit les progrès du puritanisme; un cure-dent empoisonné sauva peut-être Carthage, en terminant soudainement le règne d'Agathocle, l'an 289 avant notre ère.

Ce fils de potier, longtemps potier lui-même, garda le trône pendant vingt-huit ans, — dix ans de moins que Denys l'Ancien ; — il mourut à l'âge de soixante-douze ans. La Sicile perdait un maître, la démocratie voyait disparaître son dernier champion. Sparte déjà renaissait dans Rome, et ce peuple nouveau, qui n'avait point encore de nom pour la Grèce, s'acheminait, d'un pas continu et sûr, vers l'extrémité de la péninsule italienne. Préparée au gouvernement des nations vaincues par la plus forte oligarchie qui fut jamais, Rome seule, en ce moment, pouvait sauver le monde; les successeurs d'Alexandre n'étaient bons qu'à le perdre. Leurs divisions, leurs luttes, la corruption effrénée qu'ils encourageaient, auraient fini par rendre l'univers inhabitable. Rome, avec son humeur farouche et sa férocité, imposa le silence aux rhéteurs, la paix aux provinces, et, jusqu'au jour où la gangrène la gagna elle-même, retarda la dissolution de la société antique. Cette pause donna le temps au christianisme d'arriver. Les derniers vestiges de la dignité humaine furent protégés par l'orgueil du patricien, avant de l'être par la foi du martyr. Ce qui importe, c'est que l'homme se croie grand par son origine et aspire, par ses actes, à se montrer digne de cette grandeur. S'il se ravale lui-même, s'il se courbe à plaisir vers la terre, s'il lui semble puéril de vouloir relever le front, il faut s'attendre à le voir rapidement descendre au rang de la brute. Matière il sera, parce que matière il lui convient d'être. C'est une vase tenace dans laquelle il s'enfoncera peu à peu jusqu'au cou. Les tyrans mêmes ne l'en arracheront pas, car ces tyrans seront enfantés par sa pourriture. « Si Dieu n'existait pas, s'est écrié Voltaire, il faudrait l'inventer. » Si l'homme n'était pas immortel, il ne faudrait pas le lui dire, car cette croyance est le seul frein qui soit assez solide pour enchaîner sa voracité.

Nous ne pouvons écrire l'histoire qu'avec les documents contemporains qui sont venus jusqu'à nous. Ces documents exagèrent souvent; ils dénaturent même quelquefois. Agathocle n'est probablement pas le seul souverain, qui ait eu à se plaindre d'être calomnié. Avec lui s'évanouit le suprême espoir que pût avoir la Sicile de conserver son autonomie. Le dictateur sanglant de Syracuse fit sans doute payer cher à ses malheureux sujets le bienfait de l'indépendance. Il frappa beaucoup, et à côté des massacres que Diodore de Sicile lui prête, les hauts faits de nos plus implacables terroristes pâlissent; mais Diodore s'est borné à enregistrer des faits, qu'à la fin de son livre il déclare suspects. Ne soyons donc pas plus crédules que lui, nous risquerions de décourager les tyrans.

> Nul homme au rang des rois n'est jamais parvenu
> Sans un talent sublime et sans quelque vertu.

Sous ces méchants vers, que les quatre-vingt-quatre ans de Voltaire excusent, se cache, s'y l'on y veut bien regarder de près, un grand fonds de philosophie et de vérité. Mais que nous importe après tout la vertu d'Agathocle? Voilà plus de vingt siècles qu'il est allé demander «récompense ou justice» à celui qui l'avait envoyé. Ce que nous voulons de lui, ce n'est pas une leçon de morale ou de politique, c'est un enseignement maritime. L'expédition que tenta en Afrique l'habile aventurier est assurément la plus audacieuse et la plus habile opération que jamais chef d'armée ait conçue. Remarquons d'ailleurs, à ce propos, la tendance constante de l'antiquité à choisir la mer pour chemin. Quand on songe à ce qu'on a pu faire jadis avec des trirèmes, on reste stupéfait en voyant le peu qui s'accomplit de nos jours avec les nouveaux instruments que la science a mis dans nos mains. Je me souviens d'avoir entendu mon père regretter qu'on laissât nos moyens de débarquement inférieurs à ceux dont use, dans maint archipel de l'Océanie, la primitive industrie des sauvages. La double pirogue, accouplée par quelques madriers jetés en travers, lui semblait de beaucoup préférable à nos chalands carrés que le moindre brisant submerge. Et voilà, rapprochement bizarre, que la traversée de Calais à Douvres s'opère aujourd'hui sur un assemblage amphisdrome, qui n'est, à tout prendre, que la reproduction de l'appareil employé, de temps immémorial, par les naturels des îles Viti. Deux coques parallèles sont unies par un pont commun ; l'intervalle qui les sépare est occupé par une roue gigantesque. Quatre cheminées couronnent l'édifice monstrueux ; on dirait une citadelle flottante qui s'avance : ce n'est cependant qu'un navire de sept pieds à peine de tirant d'eau qui sort ainsi, à toute vapeur, des jetées ; il est vrai que ce navire étrange est animé d'une vitesse de treize milles à l'heure et qu'il serait de force à porter sur sa plate-forme un régiment. Le paquebot n'aurait-il pas, par hasard, montré ici la voie à la flottille? Le type longtemps rêvé par mon ardeur inquiète va-t-il enfin surgir, comme Aphrodite, du sein de cette écume? Je le souhaite de grand cœur, et, qui plus est, je l'espère. Deux tubes creux et insubmersibles, un plancher supporté par deux pirogues de tôle, nous faut-il davantage pour jeter sur la rive des soldats, des canons, et même au besoin des chevaux?

L'héritage d'Alexandre est de nouveau ouvert; les capitaines qui veulent en prendre leur part ne s'appellent plus Antigone, Cassandre, Séleucus ou Ptolémée; les noms n'y font rien, l'ambition est restée la même. Quand les soleils se heurtent, la pression est à craindre pour les planètes voisines; munissons-nous, pendant qu'il en est temps encore, d'une bonne provision d'élasticité, nous en aurons peut-être besoin plus tôt que nous ne le pensons. Des flancs déjà meurtris ne sauraient être trop soigneusement gardés des effets inconnus d'un second choc. Oh! le temps périlleux que celui où le ciel nous fit naître! Le darwinisme a trouvé en politique même des adeptes, et, sous prétexte de lutter pour l'existence, on supprime aujourd'hui, avec une légèreté que les siècles précédents n'avaient pas connue, l'existence des autres. Soyons donc forts, puisqu'on ne peut plus être assuré de vivre, si l'on se résigne à demeurer faible! Forts? à quelles conditions, me demanderez-vous sans doute, peut-on l'être? combien de millions de soldats faut-il aujourd'hui pour faire une armée? La question fut, on s'en souvient, posée, il y a déjà plus de dix ans, à Compiègne. Je réponds : « Les soldats sont le bouclier; nous avons deux mains : placez dans l'une de ces mains le javelot, si vous n'y voulez placer la sarisse. Les coups de la marine peuvent atteindre l'ennemi à distance; pourquoi négligeriez-vous un si vigoureux moyen d'action? »

Chaque année voit s'exécuter, sur une portion de notre territoire, ce qu'on est convenu d'appeler les grandes manœuvres d'automne. A-t-on jamais songé à combiner, dans ces simulacres de guerre, l'action de la flotte et l'action de l'armée? A-t-on prolongé, durant des mois entiers, jusqu'au complet épuisement du charbon, un blocus fictif? A-t-on appris à nos coûteux vaisseaux comment on se garde quand il faut croiser à portée des arsenaux ennemis et des bâtiments-torpilles? Nos avisos ont-ils pu étudier de quelle façon doit se pratiquer le difficile et si important métier d'éclaireurs? Le débarquement des troupes, des canons, des chevaux, a-t-il fait le moindre progrès depuis la guerre de Crimée? Toute campagne d'évolutions qui n'est pas la répétition, dans ses détails multiples et dans ses phases diverses, d'une campagne de guerre, me paraît destinée à porter de médiocres fruits. Des amiraux illustres se sont, depuis vingt années, succédé à la tête du département de la marine; ils savaient, je m'en rends garant, beaucoup mieux que moi comment il eût fallu s'y prendre pour obtenir de plus riches moissons. Ils ont eu la prudence, sage prudence que de tout point j'approuve, de ne pas ouvrir un sillon qu'ils n'étaient pas certains de conduire jusqu'au bout. Le grain qu'ils y eussent jeté, ils l'auraient très-probablement vu étouffé dans son germe par quelque gelée précoce; mieux valait garder, pour de meilleurs jours, la semence. L'instabilité ministérielle nous a fait plus de tort que la prétendue routine des bureaux. Les bureaux, au milieu de nos perpétuelles révolutions, ont deux ou trois fois sauvé la France. Mais le temps nécessaire aux réformes, le temps nécessaire au progrès, à qui, jusqu'à présent, l'avez-vous donné? à qui vous proposez-vous de l'accorder enfin?

Je ne connais qu'une nation au monde qui ait su faire un sérieux et intelligent usage des loisirs d'une longue paix. Quand cette grande et vaillante nation, — je dis : *grande et vaillante*, car au jeu de la guerre, comme aux autres jeux, il faut rester beau joueur; le dépit ne répare rien, — quand l'Allemagne, en un mot, dut passer soudainement du champ de manœuvre au champ de bataille, ses soldats ne s'y présentèrent pas étonnés. Entre les exercices qui les avaient périodiquement rassemblés et le combat auquel on les conduisait, la différence était à peine sensible ; il n'y avait que le danger de plus. C'est encore un des heureux effets de la discipline de pouvoir rendre de jeunes troupes, ou, pour parler plus exactement, de vieilles troupes qui n'ont pas encore vu le feu, indifférentes, en apparence, au danger : nous en avons eu le spectacle et la preuve à l'Alma. La paix n'amollit donc pas nécessairement les races qui sont nées, par tempérament, belliqueuses. Minerve ne sortit-elle pas un jour tout armée du cerveau de Jupiter ? Nous la croyions tranquillement occupée à tourner ses fuseaux quand elle apparut, la menace au front et la lance en arrêt, sur nos frontières.

Restons chez nous et filons de la laine, mais n'oublions pas pour cela l'exemple d'Agathocle.

TABLE DES MATIÈRES

LA REVANCHE DES PERSES.

CHAPITRE PREMIER.

CHAPITRE II.

CHAPITRE III.

CHAPITRE IV.

CHAPITRE V.

CHAPITRE VI.

CHAPITRE VII.

CHAPITRE VIII.

CHAPITRE IX.

CHAPITRE X.

CHAPITRE XI.

CHAPITRE XII.

CHAPITRE XIII.

CHAPITRE XIV.

LES TYRANS DE SYRACUSE.

CHAPITRE PREMIER.

CHAPITRE II.

PARIS. TYPOGRAPHIE DE E. PLON ET Cie, RUE GARANCIÈRE,

www.ingramcontent.com/pod-product-compliance
Ingram Content Group UK Ltd.
Pitfield, Milton Keynes, MK11 3LW, UK
UKHW020311230726
13925UKWH00002B/340

9 782013 426695